家居建材销售金口才

Mouths to Household Building Materials Sales

肖晓春　李建强 ◎ 著

中国经济出版社
CHINA ECONOMIC PUBLISHING HOUSE
北京

图书在版编目（CIP）数据

家居建材销售金口才/肖晓春，李建强著.—3版
北京：中国经济出版社，2016.8（2020.8重印）
ISBN 978-7-5136-4312-2

Ⅰ.家… Ⅱ.①肖…②李… Ⅲ.①建筑材料—销售—口才学
Ⅳ.①F765 ②H019

中国版本图书馆 CIP 数据核字（2016）第 167472 号

组稿编辑	崔姜薇
责任编辑	贾轶杰　崔姜薇
责任审读	贺　静
责任印制	马小宾
封面设计	久品轩

出版发行	中国经济出版社
印 刷 者	北京力信诚印刷有限公司
经 销 者	各地新华书店
开　　本	787mm×980mm　1/16
印　　张	20
字　　数	280 千字
版　　次	2016 年 8 月第 3 版
印　　次	2020 年 8 月第 3 次
定　　价	48.00 元

广告经营许可证　京西工商广字第 8179 号

中国经济出版社 网址 www.economyph.com 社址 北京市东城区安定门外大街 58 号 邮编 100011
本版图书如存在印装质量问题，请与本社销售中心联系调换（联系电话：010-57512564）

版权所有　盗版必究（举报电话：010-57512600）
国家版权局反盗版举报中心（举报电话：12390）　　服务热线：010-57512564

《家居王：家居建材销售第一书》
编写委员会

编委会主任： 王琦琦
编委会副主任： 肖晓春　李建强
编　　　委： 夏伟平　任兴勇　车玉梅　赵王珂　裔　及
　　　　　　　郭　亮　宣玉飞　庞冰洋　李瑞洁　张廷林
　　　　　　　沈　宏　石军会　吴　强　李建建　蒋维刚
　　　　　　　梁海楠　王　萍　任小波　杨　帆　王雪琳
　　　　　　　刘宝业　李朝霞　朱　璐　汪　曼　周丽萍
　　　　　　　郑逢操　侯利贤　张小正　郑维苗　刘　革
　　　　　　　曹　予　金　波　张宇峰　金彦刚　徐成勇
　　　　　　　王　玲　王　语　乔银娜　谈亚萍　谈亚芳
　　　　　　　韩宝龙　冒苏群　阙高翔　徐　晶　蒋丹忠
　　　　　　　何飞荣　靳俊辉　叶如涛　周晓愿　梁　勇
　　　　　　　苏琪涛　唐　伟　梁　云　刘　宁　龚震波
　　　　　　　王颂舒　叶素贞　林　川　陈玉华

序一　播撒销售的种子

红星美凯龙国际家居连锁集团董事长　车建新

从目前的家居行业来看，门店终端的竞争越来越激烈。而终端竞争的核心，就是一线导购综合素养与技能的比拼。

如何做好销售？我有两句话。

第一句，"种豆得豆，种瓜得瓜。"就是撒下什么种子，就收获什么果实。如果你经常处在一个友善的环境中，那肯定是你对周围人都很友善，播撒了很多友善的种子。如果你有困难的时候总有人帮你，那肯定是你经常帮助别人，播撒了很多帮助的种子。什么东西拥有得多，正是你曾经付出得多；什么东西拥有得少，通常都是你付出得少。

所以，我们要想做好销售，关键是要播撒销售的种子。对肯掏钱的顾客热情，大多数导购都会。但对于不成交的顾客、对于与销售貌似不相干的闲人，甚至是竞争对手……如果你依然付出真诚、热情、友善和帮助，你就播下了销售的种子。

比如，常有顾客询问卫生间在哪。个别导购很不耐烦，多数导购随手一指。唯有优秀的导购会亲自把顾客带过去，这就是在播撒销售的种子。许多商家、导购都反感顾客退货，常为此争得面红耳赤。如果你虚心听取顾客意见，诚恳满足顾客要求，给他留下愉快、满意的体验，这是播撒销售的种子。当商品不能满足顾客需求时，如果你把顾客主动介绍给同行，这也是在播撒种子。

说到底，播撒销售的种子，就是广结善缘，善待身边每一个人。播撒销售的种子，是放眼未来的大智慧。只要稍许等待，你会惊喜地发现，曾经播下的种子，会漫山遍野地开花结果，给予你百倍的回报。

第二句，比别人做得好一点。同样的卖场、同样的位置、同样的品类，为什么生意好坏悬殊？关键在于能否比别人做得好一点。

比如，灯光比别人亮一点。飞蛾喜欢往亮处飞，顾客下意识会被灯光亮的店铺吸引。灯光比别人亮一点，顾客进来的概率就高一点。生意不好的店铺，往往等顾客进来再开灯，说是省电，这无疑是自杀。

茶水比别人好一点。别人提供茶水我磨咖啡，别人磨咖啡我配冰柜递饮料，多喝多开单。

送客比别人多一程。多送一程，顾客回头率就高一分。

留客比别人多一会儿。人爱从众，顾客喜欢扎堆。所以，想方设法留住第一批顾客，迎来第二批顾客，第三、第四批顾客就会被吸引进来……店铺聚拢了人气，销售自然容易达成。

家居业已进入比拼服务的时代，关键要在服务上下功夫。送货安装、电话回访、跟进反馈、增值服务等，每一个环节都要精益求精，竭力争取回头客。服务为正，销售为奇。守正出奇，才能无往不胜！

以上只是抛砖引玉，要详尽了解销售技能，欣赏真正的玉，我推荐《家居建材销售金口才》一书，这是一本家居业终端培训的实战教程，易学、易懂、易用，希望大家从中受益。

序二　将培训转化为业绩

"家居王"培训首席导师　肖晓春

开店容易做好难，做好容易做大难，做大以后持续赢利难！从整个家居建材行业来看，门店终端的竞争越来越激烈，店面形象、装修陈列、产品款式等日趋同质化，只有销售服务中人的因素——代表公司形象和服务水平的终端店面人员所表现出来的状态和行为才是难以模仿的！因此，门店终端之间的竞争，实质上就是店面人员之间心态、状态和能力的竞争！

实践证明，未经培训的店面人员是企业最大的成本和利润流失的黑洞，想要弥补这个黑洞，就需要对店面人员进行专业实战的培训，并找到一种简单有效、易于执行的培训模式。经过十多年的培训实践，针对不同类型的企业，我们探索出家居建材终端销售业绩提升的三大培训模式：

一、终端店面全员培训

导购、店长和经销商是创造终端业绩的重要推手，对他们进行专业培训才是提升终端业绩的根本！"家居王"系列课程正是针对以上三类人员进行定制开发，包括"开单王"导购培训、"管店王"店长培训、"赢利王"经销商培训等。2009年起，我们与红星美凯龙家居连锁商场进行培训合作，对旗下各大商场的品牌商户、店长和导购举办"家居王"系列培训，其销售士气、销售技巧和销售业绩提升效果均十分明显，达到了多方共赢的目标：

第一，参加"家居王"系列培训的商户及其员工精神大为振奋，整体士气明显提升，为客户着想的服务意识增强，销售的主动积极性更高。

第二，在销售服务中能够有效使用学习到的销售技巧，并运用培训导师提供的工具和模板，养成良好的销售习惯。

第三，根据红星美凯龙集团已经举办过"家居王"系列培训的商场统计数据，将培训后的业绩与上个月或者上一年度同期对比，平均增幅超过30%！

二、销售话术定制培训

销售话术是最重要的销售工具，是店面人员在一线冲锋陷阵最有效、最实用的武器，提升业绩最直接有效的方式就是量身定制融合了销售技巧的销售话术！销售话术可以将复杂的销售程序化，将优秀的销售语言模板化，专业规范的销售话术培训可以让普通店面人员快速成为销售专家，让普通经销商变成优秀经销商！

为了使培训更具针对性与实效性，我们可以为家居建材企业专门定制销售话术培训，即根据家居建材企业的具体情况与实际问题，对家居建材终端卖场及店面人员进行深入调研，总结出最具代表性的家居建材销售实战情景和具体销售问题，制订完全符合企业终端卖场实际需要、具有企业特色的销售策略和销售话术。

然后通过培训的方式将标准的销售话术强制复制给终端店面人员，并运用"培训前、培训中、培训后"一体化培训模式，让每期培训效果延续3个月以上。

培训前：通过培训预热、提前预习和强化背诵，激发学员的学习热情；

培训中：通过业绩目标承诺、情景模拟、话术对练、演示比赛等生动有趣的形式让学员对销售技巧记忆深刻；

培训后：协助学员制定业绩提升行动计划，协助商户制定业绩提升奖惩与督导等措施，让培训效果直接转化为业绩提升。

同时，为方便店面人员随时学习记忆，我们将销售技巧和销售话术制作成扑克牌；为方便店长与经销商及时监督，我们制作了督导台历。运用这些生动有趣、可视化的工具，让终端人员有效学习、学以致用，最终达成业绩提升的目标。

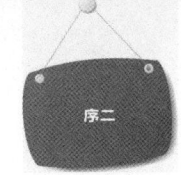

三、团购图书自助培训

对终端人员进行内训固然是提升终端销售业绩的首选,但处于起步阶段、数量众多的中小企业和经销商由于人数、预算等原因,邀请外聘讲师进行培训并不现实。如何才能让更多的家居建材企业省钱、省事、省心地对店面人员进行培训?如何才能让没有机会参加培训的店面人员可以利用闲暇随时随地进行自助学习?

通过多年的实践与总结,我们从实战中提炼出一套行之有效的、可以让店面人员进行自学、反复对照练习的简易教程,并编写成本书,力争做到"授人以鱼"(话术范例)与"授人以渔"(方法技巧)相结合,让店面人员易学、易懂、易用,受到了企业、经销商与店面人员的广泛欢迎与一致好评。

最后,衷心祝愿通过我们的"家居王"系列培训和《家居建材销售金口才》图书教材,使您及您的品牌早日成为家居建材行业细分领域的"家居王"!

(家居建材企业内训、经销商大会及终端销售话术定制培训请联系:叶老师13503081912,邮箱:y8836@126.com。)

序一　播撒销售的种子／文 车建新 …………………………………… 1
序二　将培训转化为业绩／文 肖晓春 …………………………………… 3

卖场迎宾寻机实战情景训练

　　销售就像钓鱼，尤其需要技巧和耐心。进店的顾客就如水中准备咬钩的鱼儿，受不得一点惊吓。因此，导购的迎宾打招呼一定要热情有度，让顾客感觉舒服、自由，从而放松警惕，浏览并欣赏产品和陈列。在与顾客保持适当距离的同时，导购要用眼睛的余光去留意顾客的一举一动，当发现顾客对某种产品感兴趣时，应立即抓住时机上前进行接待和介绍。

情景1　顾客独自进入卖场的专业样板间 ……………………………… 3
情景2　顾客一家人来逛家居建材商场 ………………………………… 6
情景3　顾客带装修设计师一起来选购产品 …………………………… 9
情景4　顾客拿着宣传单进店，指名要看特价产品 …………………… 12

情景 5	顾客见到产品就随口问"这件多少钱" ············	15
情景 6	顾客进店后直接问"你们店有没有××" ············	18
情景 7	顾客只看产品不说话,对导购爱理不理 ············	21
情景 8	顾客说:"你别跟着我,我自己会看!" ············	24
情景 9	顾客进店转了一圈就要离开 ············	27

2 探测顾客需求实战情景训练

　　导购要找到顾客的购买开关,首先要探测和了解清楚顾客的需求和期望。导购要做的关键是拉近双方的关系,取得顾客的信任。导购可以通过察言观色和询问等方式,在与顾客的自然交谈中了解其购买需求和心态,从而推荐能满足顾客需求的产品。请记住:顾客需要什么就卖给他什么!

情景 10	顾客以前听说过我们的品牌吗 ············	33
情景 11	顾客想买什么类型的产品 ············	37
情景 12	了解顾客的基本情况 ············	40
情景 13	顾客是为自家购买还是单位采购或送人 ············	44
情景 14	顾客是否是购买的决策人 ············	47
情景 15	顾客选择产品最注重品牌、质量、价位还是其他 ············	50
情景 16	顾客是首次装修还是二次装修 ············	53
情景 17	顾客是购买单件产品还是整间房装修 ············	56
情景 18	顾客的购买预算大概多少 ············	59
情景 19	顾客是近期购买,还是看中就立即购买 ············	62
情景 20	顾客看了很多款产品都不满意 ············	66
情景 21	顾客没购买,请其留下联系方式 ············	69

3 产品展示解说实战情景训练

产品展示解说是吸引顾客眼球和刺激其购买欲望的推动器。导购展示解说产品，实际上就是一个塑造卖点的过程。再好的产品也需要通过塑造核心卖点来让顾客认可，比如产品的品牌、独特的功能、良好的服务。顾客正是通过导购所塑造的一个个卖点来了解产品能带给自己的利益与好处，进而爱上它们并付款埋单的。

情景 22	简单介绍产品的品牌、材质、产地等基本情况 …………… 75
情景 23	展示产品的资质证明 …………………………………………… 78
情景 24	专业介绍产品的工艺、品质 ………………………………… 81
情景 25	借助专业道具展示产品 ……………………………………… 84
情景 26	从不同角度现场展示产品 …………………………………… 87
情景 27	请顾客触摸、使用、体验产品 ……………………………… 90
情景 28	请顾客通过敲击听声音来判断材质 ………………………… 93
情景 29	采取 FAB 法讲述产品的特点、优点与利益 ……………… 96
情景 30	引导顾客辨别产品质量的好坏 ……………………………… 99
情景 31	引导顾客对比其他商品比较感受 …………………………… 103
情景 32	运用顾客见证展示用户对产品的评价 ……………………… 106
情景 33	详细介绍产品的使用说明和建议 …………………………… 109

应对顾客拒绝实战情景训练

拒绝是成交的前奏,当顾客提出某种对产品的反对意见时,往往代表着他对您的产品感兴趣。如果导购能够一一化解顾客的异议点,真正了解顾客的需求,并想方设法提供解决办法,满足顾客的需求,那么成交就会变得轻而易举。顾客的拒绝并不可怕,可怕的是我们自己过早放弃。

情景 34	我没听说过这个牌子 …………………………………………	115
情景 35	你们这款产品味道重,不环保 ……………………………	118
情景 36	这款产品是个花架子,不实用 ……………………………	121
情景 37	这款产品不错,但感觉不够结实 …………………………	124
情景 38	这款产品坐上去挺硬的,不舒服 …………………………	128
情景 39	这种材料是不错,但打理起来太费劲 ……………………	133
情景 40	这种沙发不经用,两三年就得换,太不划算了 …………	137
情景 41	这款产品颜色太艳丽,与我家的装修风格不协调 ………	140
情景 42	你们的产品太普通,比不上 A 品牌的 ……………………	144
情景 43	这款产品太笨重了,搬动起来很不方便 …………………	147
情景 44	我看到网上评价你们的产品质量不好 ……………………	150
情景 45	我听小区的邻居说你们的售后服务不好 …………………	153
情景 46	现在春夏季节雨水多,不适合装修,过些时候再说吧 …	156
情景 47	这种风格已经过时了,现在都没人用了 …………………	159

5 处理价格异议实战情景训练

价格异议是成交的最后一道障碍，处理得当则皆大欢喜，处理不好则容易陷入僵局。生意是谈出来的，导购在处理顾客提出的价格异议时，除了向顾客充分塑造和展示产品的核心价值外，还要根据顾客对价格要求的松紧程度，以及顾客面对价格的态度，灵活调整解决顾客价格异议的办法，在保障门店利益的前提下，让顾客觉得物超所值。

情景48	这样的单价太贵了，还可以便宜多少 …………………… 165
情景49	同样的产品，B品牌比你们便宜多了，而且还有赠品送 …… 169
情景50	我上次来看还打折呢，怎么现在反而贵了啊 …………… 172
情景51	这又不是实木的，怎么还这么贵啊 ……………………… 176
情景52	整体定做太贵了，能不能再便宜一点 …………………… 180
情景53	你们的产品打这么低的折扣，是不是质量有问题 ……… 184
情景54	我要是多找几个人团购，还能便宜多少 ………………… 187
情景55	我看广告说你们全场打八折，原来是骗人的 …………… 191
情景56	别送什么赠品了，直接给我打折就成了 ………………… 194
情景57	您申请一下看能不能打七五折，否则我去别家买啦 …… 197
情景58	进口跟国产的价格相差这么多，质量上有什么区别 …… 201
情景59	我今天带的钱不够，改天再来吧 ………………………… 204

6 交易促成实战情景训练

如果把销售当成钓鱼，那么主动促成就是把鱼竿往上提的收竿动作。鱼漂下沉是提示钓鱼者收竿的信号，而导购要促成交易，也先要捕捉和识别顾客的购买信号，把握好成交的时机，然后再运用各种各样的成交方法与技巧，引导顾客顺利达成交易。

情景60	你们的售后服务怎么样 …………………………… 209
情景61	人家买建材送免费安装服务，你们怎么不送呢 …… 212
情景62	装修结束剩下了没有动用的装修材料，可以原价退货吗 … 215
情景63	人家买地板、橱柜、壁柜都赠送配件，你们能送吗 …… 218
情景64	我自己决定不了，得回家再商量商量 ……………… 221
情景65	我还想再去其他店看看，再比较比较 ……………… 224
情景66	怎么有些款式没有实样呢？图片太平面了！ ……… 227
情景67	我是挺喜欢这种设计，但这款产品太大，我们家没这么大地方 ………………………… 230
情景68	顾客购买的产品超过了预算，如何说服顾客埋单 … 233
情景69	在顾客购买后进行关联销售 ………………………… 236
情景70	请求老客户推荐新客户 ……………………………… 239

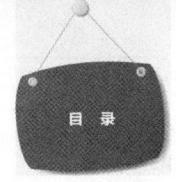

7 送货安装服务实战情景训练

"三分销售，七分安装。"送货安装服务是家居建材销售的自然延伸。你的家居建材产品和品牌给顾客留下了什么印象，很大程度上取决于送货安装这一过程。实际上送货安装才是第二次销售的开始，是决定顾客能否成为你的忠实顾客的关键所在。

情景71	你们如何保证安装的质量 …………………………………… 245
情景72	送货安装人员上门服务规范 ………………………………… 248
情景73	如果安装不当，造成的损失如何处理 ……………………… 251
情景74	安装前我需要做哪些准备工作 ……………………………… 254
情景75	我订的货晚了一周还没送到，把订金退还给我吧 ………… 257
情景76	你们的人员在搬运时把送来的货磕坏了 …………………… 260
情景77	你们送来的货跟我选定的样板不同，材料明显粗糙 ……… 263
情景78	你们的工人不专业，我要求更换更专业的人员 …………… 266
情景79	安装后我如何进行验收？有哪些验收的标准 ……………… 269
情景80	安装完毕验收合格后的保修期是多久？如果出现质量问题怎么办 ……………………………………………………………… 272

处理顾客诉怨实战情景训练

　　顾客投诉是一把双刃剑，处理得好可以有效提升品牌美誉度与顾客忠诚度，而处理不好则会撵走顾客并毁坏品牌形象。因此，导购在处理顾客的诉怨时，应尊重和理解顾客的做法，用真诚、细致、周到的服务赢得顾客的忠诚和好口碑。

情景 81	你们送来的产品表面有色差，我要退货 …………… 277
情景 82	你们的产品质量太差了，才用了两周就出现裂痕 ………… 280
情景 83	你们的售后服务电话我连续打了 3 个小时才打通，你们是怎么搞的 …………………………………………………………… 283
情景 84	你们派来装修的是什么人啊，刚走几天水管就漏了 ……… 286
情景 85	非产品质量原因顾客坚决要求退货 …………………………… 289
情景 86	你们的客服态度太差，没帮我解决问题还挂我电话 ……… 292
情景 87	你们的维修收费太不合理了 …………………………………… 295
情景 88	如果 1 周之内还解决不了，我就去消协投诉你们 ………… 298

后　记 ………………………………………………………………… 301

卖场迎宾寻机
实战情景训练

销售就像钓鱼,尤其需要技巧和耐心。进店的顾客就如水中准备咬钩的鱼儿,受不得一点惊吓。因此,导购的迎宾打招呼一定要热情有度,让顾客感觉舒服、自由,从而放松警惕,浏览并欣赏产品和陈列。在与顾客保持适当距离的同时,导购要用眼睛的余光去留意顾客的一举一动,当发现顾客对某种产品感兴趣时,应立即抓住时机上前进行接待和介绍。

情景1
顾客独自进入卖场的专业样板间

➡ 常见应对

1. 您好,欢迎光临!
   (这种让顾客听了起茧子的话已经难以引起他们的兴趣)
2. 您好,我给您介绍一下我们的产品吧!
   (过于热情,容易招致顾客的反感和拒绝)
3. ……没有任何应对,显得很冷淡,认为顾客有需要会来找自己。
   (对顾客太冷淡,会让顾客觉得导购忽视自己而离开)

🧭 引导策略

导购与顾客的第一次接触,往往都是在卖场搭建的风格各异的样板间里。当顾客走进样板间,大多数导购都会主动和他们打招呼,说一些诸如"欢迎光临××品牌,有什么可以帮您?"的语言。在这种情况下,导购可以根据顾客的性别来制定相应的应对措施。如果是男性进入卖场的话,他们一般有较为明确的目的,不是来直接购买产品,就是来了解市场行情的;如果是女性独自来到卖场,要么就是为了选购,要么就是闲逛而来。

一般来说,导购可以通过神态和目光来判断顾客的来意,那些进来漫无目的、导购说什么都点头称是、讲到哪儿他跟到哪儿的顾客大部分都是闲逛的顾客。而那些有明确目标、随时向导购询问一些较为专业的问题和细节的顾客,则很可能是为了购买而来。另外,那些穿得比较正规,尤其是拎一个较大的公文包、皮鞋上有很多灰尘的顾客则很有可能是同行业的竞争对手。

话术范例

话术范例一

导购："您好，欢迎光临××品牌专卖店，我是这里的家居顾问小王，很高兴能为您服务，请问您想看什么产品呢？"

顾客一："我想看看你们的窗帘，您给我介绍一下吧！"（这种顾客多半是带着需求而来的，他们有明确的购买目标，如果引导得当，成交的可能性很大）

顾客二："我随便看看。"（大多数顾客的回答都是这样的，他们需要先了解产品的大致情况，再有重点地听取介绍，当然也不能排除其中有很多闲逛的顾客）

导购："好的，那您先看看，有需要您随时叫我。"（同时保持对顾客的关注，注意对方从神态、举止中流露出的兴趣，抓住时机予以介绍）

话术范例二

导购："欢迎光临××专卖店！请问有什么可以帮您的？"（向顾客打招呼，接近顾客）

顾客："随便看看。"（顾客有较强的戒备心，不愿意和导购多说）

导购："我们最近有几款红木家具在做活动，您有没有兴趣了解一下呢？"（用促销活动来引起顾客的兴趣）

方法技巧

满足顾客的"巡视"要求：

一位销售大师说过："顾客进店以后就像大将军，你需要满足一下他巡视的需求。"因此，导购在顾客进店时热情打过招呼之后，要留给顾客

一定的时间和空间,让他们可以在店内走上 10~20 步,简单了解一下产品,然后再询问他们是否需要你的帮助。

顾客进店有"迎声",谨记态度要热情:

1. 问好式:如"您好,欢迎光临××品牌专卖店。"

2. 放任式:对不愿意被人打扰的顾客,可以在简单打招呼之后,请顾客自由参观,并表达自己随时愿意为其服务的意愿。

3. 插入式:两位顾客先后进店时,导购可以先简单招呼第二位进店的顾客并请他随意挑选,在接待第一位顾客的同时注意关注第二位顾客的需求,随时准备为其服务。

举一反三

顾客进入卖场,导购应该如何跟顾客打招呼?

1. _____
2. _____
3. _____

如果顾客表示不需要你的帮助,而是要随便看看,你会如何回答?

1. _____
2. _____
3. _____

情景 2
顾客一家人来逛家居建材商场

常见应对

1. 您好，几位想看点什么？我给您介绍一下？
   （平淡如水，这种话顾客已经听过太多次了）
2. 您好，几位今天准备买点什么？
   （过早把和顾客的关系转换成买卖关系，容易引起顾客的反感）
3. 您好，请随便看看。
   （容易让顾客产生随便看看的消极反应）

引导策略

顾客一家人一起来逛建材卖场的可能性极大，一般来说有这样几种情况：第一，夫妻俩一起前来，通常是正准备装修的夫妻来选购家居建材，或者就是新房即将交付，提前来选购建材；第二，一家三口进入展厅；第三，不同辈分的家人一起进入展厅。

一般来说，一家人一起进入展厅购买的可能性极高，但也不能排除闲逛的顾客。在这种情况下，分辨顾客是闲逛还是准备购买可以从他们的态度进行分辨，有购买欲望的顾客在你介绍时会主动提出问题，有很强烈的表达欲望；而闲逛的顾客恰恰相反，他们希望自己看到的比听你讲得更多，如果在你开口讲话时就被他们打断，则导购应该给予顾客一定的空间让他们去了解，等到适当的时候再去介绍。

话术范例

话术范例一

导购:"欢迎光临××,小朋友好,大姐好,大哥好!今天是六一儿童节,这是我们给小弟弟的礼物,祝你们全家六一快乐!"(主动拉近和孩子的距离,事半功倍)

话术范例二

导购:"二位好,您二位是准备结婚装修新房吧,今天放假过来看看地板?"(根据同行者的语言和亲密程度来判断二人的关系)

顾客:"是啊,你怎么知道的?"

导购:"呵呵,不用问就知道,二位很有夫妻相的,真是天生一对。您喜欢什么类型的地板,是实木的还是板材的?"

话术范例三

(不同辈分的顾客一同进入卖场)

导购:"大爷大妈好,这么热的天出门一定累坏了吧,您先坐下我给您倒杯水,拿点资料给几位参考一下。请问是老先生想选购家具还是小夫妻俩置办新家具呢?"(拉近和顾客间的距离,并询问谁才是决策人)

方法技巧

对于带小孩一起来的顾客:

1. 夸奖赞美小孩,看起来你是在夸孩子,实际上是在夸父母。

2. 店内可以适当准备一些零食或是玩具,可以在孩子不耐烦时引起他们的注意。

3. 也可以让店里有空的其他导购帮助照顾孩子。

对于夫妻同来的顾客:

1. 不要和一方(尤其是异性)聊得过于热情,对另外一方过于冷淡。

2. 在向一方介绍的同时，随时保持对另外一方的关注，并征求他们的意见。
3. 对最终决策者和参考者进行判断。

☕ 举一反三

顾客的小孩一直吵着要走，导购如何解决？

1. _____
2. _____
3. _____

导购如何招呼一同来店的夫妻？

1. _____
2. _____
3. _____

情景3
顾客带装修设计师一起来选购产品

常见应对

1. 几位好,请问你们谁是买家?
   (这样的提问太直接,容易引起顾客的反感)
2. 这位先生一看就是内行,今天是来帮业主选购建材的?
   (没有分清顾客的身份就盲目赞美,很难获得顾客的认同)
3. 这个问题我不太清楚。
   (对设计师的专业问题无法做出准确的回答,难以让他们认同你的产品和服务)

引导策略

现代人越来越关注生活品质,很多顾客热衷于选择专业的室内装修设计师来帮助他们设计房间,对选购建材和家具给予指导,更有甚者会直接带着室内装修设计师到卖场选购产品。一般来说,二男一女的组合是最常见的业主和装修设计师共同到卖场的形式,两位男性、一男一女的组合也较多见。

通常,在装修设计师出现的场合,他们会直接提出较专业的问题,比如安装的问题等,导购应该把说服的重点放在装修设计师身上,因为业主对他们的意见十分信任,说服他们也就等于说服了业主。

 **话术范例**

话术范例一

导购："几位好，请问有什么可以帮您的？"

顾客："我想了解一下你们××的问题。"（顾客提出了专业问题，一般顾客很少提及）

导购："您这个问题问得很专业，看样子您肯定是内行。这种情况一般来说要根据您房间的实际情况来区分。我能请教一下您房间的状况吗？"（用专业的回答来让设计师认可）

话术范例二

导购："这位先生（对设计师），我听二位的谈话发现这位先生十分重视您的意见，我能不能请问一下您觉得哪种地板更适合这位先生家里的实际情况呢？您能不能给我简单说明一下，以便我更有针对性地为二位推荐合适的产品？"（尊重设计师的意见，要说服顾客首先应说服设计师）

话术范例三

顾客对设计师推荐购买的产品持怀疑态度，担心设计师和导购串通起来骗自己。

导购："先生，您知道为什么许多设计师都向业主推荐我们品牌的油漆吗？原因很简单：第一，我们的油漆质量好，装修完成后的效果非常好，而且容易施工；第二，您也知道油漆或多或少都存在毒性，所以就要选择相对影响小的，而我们的油漆以环保性著称，能保障您和家人的健康；第三，我们的产品性价比合理，在同等的价格下当然要选择性价比最高的产品。您说对吧？"（有理有据，让顾客相信你不是在和设计师串通，而是真心帮助他们推荐优质的产品）

 **方法技巧**

判断来人是否有专业设计师的技巧：

1. 两位男士，同行者一人是装修设计师的可能性很高，他们的关系可能是设计师带业主到卖场选购建材，也可能是因为安装过程中的问题到卖场来询问相关知识，如果其中一人询问的内容比较专业，则一般可以推断其为设计师。

2. 一男一女，有可能是设计师带业主来看产品。

3. 两男一女（两女一男），这种情况通常为设计师和夫妻二人共同到卖场选购产品。

保持谨慎的沉默，待摸清状况，搞清楚谁是决策人再抓住重点，有倾向性地引导。

举一反三

导购如何判断来店的顾客中是否有装修设计师？

1. _____
2. _____
3. _____

当顾客和装修设计师一起来选购产品时，导购应该怎么接待？如何重点说服设计师？

1. _____
2. _____
3. _____

情景 4
顾客拿着宣传单进店，指名要看特价产品

常见应对

1. 这款特价产品已经卖完了，您可以看看其他的。
   （这种回答会让顾客觉得自己是被骗来的）
2. 这款促销产品其实是样品，不是全新的。
   （导购想以"样品"来让顾客知难而退，打消购买的想法，转而选择其他更贵的产品）
3. 这是去年的老款了，您可以看看我们今年的新款。
   （导购想打消顾客对特价产品的期待，选择其他更贵的产品）

引导策略

卖场的宣传单往往会刊登一些特价产品来吸引顾客，但实际上这些产品数量极少（有时不多于 1 套）或是根本没有，这样做的目的通常都是为了吸引顾客慕名前来。如今的顾客已经越来越有免疫力，在被这样的宣传广告忽悠了多次以后，很难再上当，如果导购不能给予顾客合理的解释，顾客将会转身离去。

在这种情况下，为了实现宣传广告的目的，导购可以在与顾客的沟通中告诉对方这款特价产品刚刚被人买走了最后一套（可以请他们看销售记录，以消除他们的怀疑），让顾客产生好机会没有把握住的遗憾，然后收集顾客的有效信息，为日后的销售做好铺垫，或者乘机推荐与特价产品类似但略贵的产品，这样往往更容易实现销售。

 **话术范例**

话术范例一

🗣 **导购：**"先生，实在抱歉，这款产品因为特价促销非常抢手，现在已经没货了。不过我们最近应该还会再进一批相同的产品，要不您把联系方式告诉我，一旦这款产品到货，我就立即打电话通知您，好吗？"（这种回答可以有效消除顾客的不满，并留下顾客的联系方式）

（几日后）🗣 **导购：**"×先生，我是××的导购小李，您上次看中的××产品已经到货了，您这两天抽空过来看看吧！"

顾客再次光顾卖场

🗣 **导购：**"×先生，实在不好意思，我得跟您道歉，因为我们发现这次进的这批货出现了××问题（非常严重的质量问题），严重影响了产品的使用，现在已经全部退货了。因为这批货是最后一批产品，厂商目前已经停产了，没有办法再进货了，让您白跑一趟实在不好意思。不过您可以看看我们的这款××，它和那款产品类似，价格只比它贵了300元，也是非常值的，您可以看看？"（为顾客介绍其他价格略贵的产品）

话术范例二

🗣 **导购：**"实在抱歉，先生，我们这款促销产品已经卖完了，因为特价促销数量有限，昨天这款产品就已经卖完了，让您白跑一趟十分不好意思，我跟您道歉了。其实，您可以看看这款产品，和促销的那款是一个牌子的，品质、设计都非常好，价格上现在是七折，也非常划算。"

话术范例三

导购告诉顾客特价产品已经售罄，顾客认为商家欺骗消费者。

🗣 **导购：**"先生，让您白跑了一趟，真的很对不起，这确实是我们的责任。事实上我们这次特价促销主要针对的是样品，所以在数量上实在没有办法保证，这个还希望您能理解。其实我们的这款××产品价格也十分实惠,更重要的是它是全新的,算起来也许比样品更超值呢!"

方法技巧

"三步法"留住顾客:

1. 探底:了解顾客是怀着什么样的需求来到卖场的,他最看重的是哪一点。

2. 快转:如果卖场已经没有了顾客看中的产品,迅速为其推荐其他产品"转型"。

3. 利诱:用利益来诱惑顾客接受你推荐的产品,从而淡化他没有买到想买的产品的不快。

举一反三

顾客手持宣传单进店指名要看某款特价产品,导购该如何接待?

1. _____
2. _____
3. _____

如果促销宣传广告中的产品没货了,导购应该如何处理?

1. _____
2. _____
3. _____

情景5
顾客见到产品就随口问"这件多少钱"

常见应对

1. ×××元。
   （这是最常见的回答，但过快进入产品的议价阶段对导购不利）
2. 您肯定在其他家看过了吧，您觉得多少钱合适？
   （过早主动向顾客抛出议价的绣球，容易让自己陷入被动局面）
3. 我们的东西不贵。
   （没有回答顾客的问题，顾客仍然会问"那到底是多少钱？"）

引导策略

顾客每见到一件产品就问多少钱，说明他们并没有明确的购买目的，通常是一些闲逛的顾客，或者是为了比较价格而来。在这种情况下，导购如果跟着顾客的思路走，他问一句你答一句就很容易失去这位顾客。因为顾客没有对产品和品牌留下印象，也没有和导购建立起信赖感，更没有留下他们的联系方式。

针对这样的情景，导购要避免在销售初期就和顾客陷入价格战，最好忽略顾客对价格的关注，而是把他们的注意力转移到产品上，让顾客清楚地知道我们的产品使用了什么材质、是什么档次的、具有什么特点，这样当你最后报出价格时才不会引起他们的情绪反弹，并认为确实是物有所值的。请记住，在顾客没有对产品深入了解之前，导购贸然报价只会让自己陷入被动局面。

话术范例

话术范例一

👤 导购:"先生,您选购沙发更看重的是产品的功能还是款式呢?"(忽略顾客的价格问题,而是将焦点放在产品本身上)

话术范例二

👤 导购:"先生,价格确实很重要,不过对于建材产品来说最重要的还是产品的品质,如果我们的产品质量不好,不能满足您的需求,即使价格十分便宜您也肯定不会购买的,对吧?所以,还是让我先根据您的需求为您推荐一些产品,满意后再讨论价格吧。您放心,价格一定会让您满意的。"(强调产品的品质和适合才是最重要的)

话术范例三

👤 导购:"先生,您好,家里装修吗?这是我们的样板,您可以先看看。"(如果顾客看样板,就进入正常的导购程序,如果对方不看样板而执意问价格)"哦,那得看您有多大的需求了,不同的购买数量我们的优惠是不同的,您的花费也不同,您大概需要多少呢?"

方法技巧

顾客初期询价的回答技巧:

1. 忽略法:忽视顾客对价格的关注,而是将顾客的关注点转移到产品的品质、款式、设计等方面。

2. 反问法:这样做的好处是可以化解直接报价的尴尬,并重新掌握交流的主动权。

3. 绕圈法:不正面回答顾客的问题,而是暗示他们价格一定会使其满意,并询问顾客的需求,介绍产品。

该走的顾客是留不住的：

当然，也有导购不报价就马上离开的顾客，其实导购应该记住这样一句话："该走的顾客是留不住的。"如果顾客真的对你的产品感兴趣，他们是不会轻易走掉的，那些轻易就离开卖场的顾客也绝不是你的意向顾客。

举一反三

顾客一进入卖场没等导购介绍产品就直接询问产品的价格，导购如何回答？

1. _____
2. _____
3. _____

导购如何让顾客把关注的焦点从价格转移到产品上？请举例回答。

1. _____
2. _____
3. _____

情景6
顾客进店后直接问"你们店有没有××"

常见应对

1. 有的，××元。
   （这种回答可能会因为价格超出了顾客的预算或是比其他品牌更贵而让顾客放弃购买）
2. 对不起，我们没有。
   （这种回答等于放弃顾客，而不能解决问题）
3. 有的，是A品牌的。
   （也许顾客不想买A品牌而喜欢B品牌）

引导策略

如果第一次接触的顾客就直接问到某款具体型号的产品，这说明他们是做了功课的：可能是从报纸杂志上的广告中了解到了该型号的产品；或者在别的卖家那里了解过了该产品；或者是有亲戚朋友曾经购买过该产品，顾客认为不错便到卖场来寻找。但不论是哪一种情况，我们都可以推断，顾客的需求是清楚明确的。

在这种情况下，导购要做的是去了解是何种原因促使顾客前来，而不是该款产品的状况。在搞清楚促使顾客前来的原因后，再进行有针对性的应对，为顾客推荐合适的产品，或是帮助他们找到新的需求，才能更有的放矢地实现销售。

 话术范例

话术范例一

导购:"有啊,请问您之前看过类似的产品吗?"(了解引起顾客需求的原因)

顾客:"这倒没看过,不过我有朋友使用这种产品,听他说挺不错的。"

导购:"那您朋友用的是什么牌子的?"

顾客:"A 品牌。"

导购:"是这样啊,不过我们代理的是 B 品牌的产品,其实这类产品在功能上都是差不多的。我们 B 品牌是国内知名品牌,去年还是行业十佳品牌。有兴趣的话,您可以看看。"(在了解顾客需求的基础上推荐产品)

话术范例二

导购:"有啊,请问您以前看过这类产品吗?"

顾客:"嗯,在 B 品牌看过这种瓷砖,不过价格有点贵。"

导购:"确实,B 品牌的价位是挺高的,很多顾客都认为他们定价过高!不过没问题,我们也推出了这种瓷砖,价格还不到 B 品牌的 2/3,您可以看看。"

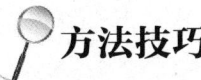 方法技巧

摸清顾客寻找该产品的原因:

1. 在其他卖场看过同类产品,但由于价格或其他原因导致其放弃购买。

2. 在报纸和杂志上看到过该种产品的广告,引起兴趣。

3. 亲戚朋友有使用该款家居建材产品的实例。

有针对性地进行推荐介绍，突出自己产品的卖点。

举一反三

顾客到卖场就直接询问某款产品的情况，通常有哪些原因？

1. _____
2. _____
3. _____

如果顾客在其他卖场看过类似产品，导购该如何应对？

1. _____
2. _____
3. _____

情景 7
顾客只看产品不说话,对导购爱理不理

常见应对

1. 您好,请随便看看。
   (过于平淡,估计用不了 30 秒,顾客就会离开)
2. 您看看这款产品,这是现在卖得最好的。
   (导购过于主动,有时甚至会吓跑顾客)
3. ……(你不搭理我,我也不搭理你,爱买不买)
   (这种应对过于被动,容易出现和顾客大眼瞪小眼的局面)

引导策略

顾客刚进入店铺时由于产生戒备和不信任的心理,所以常常对导购的热情接待冷漠以对。当导购满怀热情地招呼顾客,并向其询问了 3~5 个问题后,总是得到对方不冷不热的回答,这会让导购丧失与顾客继续沟通的信心和兴趣,转而采用不痛不痒的态度来对待顾客。

但这种做法对导购来说是十分不利的,因为如果无法引起顾客对产品的兴趣,那么成交便遥不可及。对此,导购应主动与顾客互动起来,通过有效的提问、礼貌的请教等方式引导顾客开口说话,尽量用自己的热情去感染对方。

 **话术范例**

话术范例一

导购："对不起，先生，是不是我刚才没讲清楚才让您没兴趣听下去呢？您能不能告诉我，您觉得我说的什么地方不到位呢？我好再给您介绍一下……"（有时顾客更看重导购的态度）

话术范例二

导购："先生，外面天气这么热，您先到这边坐下休息一下吧，我给您倒杯水，顺便再把我们产品的资料册给您拿过来看看，要是有您喜欢的，我再带您去看看样品，好吗？"（俗话说，抬手不打笑脸人，即使他拒绝你的提议，也会把态度缓和下来，更利于接下来的沟通）

话术范例三

导购："先生，我刚才已经对我们的产品做了简单的介绍，您觉得满意吗？"（顾客做出否定的回答）"实在不好意思，看样子是我没有完全理解您的需求，您能不能再给我说说您对这种产品的要求呢？我再帮您重新推荐几款产品。"（锲而不舍，忽略顾客的冷淡态度）

 **方法技巧**

建立自信，对顾客的冷淡"冷处理"：

导购不要因为顾客的冷淡就产生自卑感，而是要把顾客的这种态度转化为积极的影响。导购应该知道，有时候顾客的恶劣态度并不是针对你，而是由他们自身的原因造成的，所以无须过于重视。

用导购的热情感染顾客：

1. 提高说话的兴奋度，如加快语速，提高声调。
2. 加大举止的力度，做手势时可以夸张、有力一点。
3. 在面对顾客时始终保持微笑，让你的热情感染到顾客。

举一反三

如果顾客对导购的招呼爱理不理,导购应该如何引起对方的兴趣?

1. _____
2. _____
3. _____

导购应该如何用自己的热情去感染顾客?

1. _____
2. _____
3. _____

情景 8
顾客说："你别跟着我，我自己会看！"

常见应对

1. 好的，那您自己先看看吧！
   （这种回答很容易让顾客流失，让顾客在不知不觉中离开卖场）
2. 还是我给您介绍一下吧！
   （虽然导购的精神可嘉，但对顾客来说未免有被死缠烂打的感觉）
3. ……（一句话也不说，直接回到位子上做原来的事情）
   （导购试图"以其人之道还治其人之身"，但往往适得其反，顾客会因此而离开）

引导策略

顾客进入家居卖场的初期，往往希望对产品和陈列先进行一番自由的浏览。如果此时导购老是像贴身保镖一样跟着顾客，会让顾客浑身不自在，觉得被人跟踪和监视着，无法根据自己的喜好自由自在地选购产品。

处理这种尴尬最好的办法，就是导购先回避一下，和顾客保持两米左右的距离，并站在一个较好的观察角度，既让顾客感觉舒服，又能随时留意到他们的举动。一旦顾客发出了需要沟通的信号，导购就要及时上前为他们介绍产品。

话术范例

话术范例一

导购："好的,您随意挑选,我就在您附近,有需要您可以随时叫我。"(摆出要走的样子,然后突然回头)"对了,您可以看看那边的几款,那是我们品牌的主打产品,卖得都挺不错的。"(有重点地突出产品,容易引起顾客的注意,但注意不要做得过于刻意)

话术范例二

导购："好的,先生,您请随意挑选,有需要叫我一声就行。"(等一两分钟后,可以以送水、理货或是其他借口走近顾客,并以轻松的口吻)"怎么样,您看中了什么,我帮您介绍一下吧?"

顾客一："你们的那款产品看起来不错。"(或是顾客做出动作,如抚摸产品)

导购："先生,这款就是我刚才跟您提过的我们品牌的主打产品,我给您简单介绍一下吧?"

顾客二："没有什么喜欢的。"(大多数顾客的回答都是这样的,这时导购可以顺水推舟)

导购："是的,我们的产品款式挺多的,这么一眼看过去是很难找出满意的产品的。不如我给您有重点地介绍一下吧,这样也可以帮您节省时间,找出最适合您要求的。不知您喜欢什么风格的产品呢?"(这样接近顾客比较自然,不容易引起顾客的逆反心理。)

方法技巧

主动出击,"不抛弃、不放弃":

导购应主动向顾客介绍产品,主动挖掘顾客的需求,想尽办法引起顾客的兴趣,即使遭到拒绝,也要主动出击。

用提问激发顾客的兴趣，了解顾客的需求。

随时留意顾客的举动，当他们的目光停留在产品上或是主动触摸商品时，则要及时上前予以介绍。

☕ 举一反三

遇到那些不喜欢被导购跟着的顾客时，导购应如何处理？

1. _____
2. _____
3. _____

如何引起那些不愿意听你介绍的顾客对产品的兴趣？

1. _____
2. _____
3. _____

情景9
顾客进店转了一圈就要离开

常见应对

1. 这么多款式都没有喜欢的吗?
   (顾客很容易就会用"是的,没什么喜欢的"来回答你)
2. 先生,价格好商量,您再看看嘛!
   (这会让顾客觉得你认为他们是因为贪便宜而来,让他们感觉不舒服)
3. 好走不送。
   (发泄式的语言,不应从导购口中说出)

引导策略

导购每天所接触的顾客中只有很少几位会最终下订单购买,大部分顾客都是在家居卖场里简单转一圈后就一声不吭地离开了。这些走掉的顾客其实是一个很可观的数字,如果导购能有意识地抓住他们,让他们成为自己的顾客,那么你的业绩就会得到一个质的飞跃。

这种情景的出现很大程度上是因为导购没能向顾客充分展示我们的产品,没能引起顾客的兴趣,只是简简单单地看着顾客走进走出,而忘记了自己的导购职责。导购必须克服自己"怕、畏、懒"的心态,想尽办法和顾客沟通,并通过不同的方式巧妙地挽留他们离开的脚步,重新激发他们的兴趣,挖掘他们的需求。

话术范例

话术范例一

导购："小姐,刚才我忘了告诉您了,今天是我们的周年庆,全场产品八折酬宾,部分商品最低五折。如果您近期有装修的打算,我可以帮您介绍介绍。"(用促销降价来激发顾客的好奇心,让对方有兴趣继续看下去)

话术范例二

导购："先生,请您稍等一下,我给您拿份资料,您回去可以看一下(通常顾客不会拒绝导购的这一要求)。这是我们的产品目录。先生,反正您回去看资料也要花十几分钟,不如让我用几分钟为您简单介绍一下我们的产品特点吧?"(以送资料为借口挽留顾客)

话术范例三

导购："先生,请您留步,我给您一份资料,您可以参考一下。"(将资料交给顾客)"没有挑到您想要的产品吧?对了,我刚才忘了给您介绍了,我们有一款今天刚到的产品还没上货,我觉得各方面都不错,价格也很公道,您可以看看。来,这边请,我给您介绍一下。"(以送资料为借口挽留顾客)

方法技巧

利用好奇心引起的兴趣来留住顾客：
1. 产品的折扣;
2. 产品所获得的奖项;
3. 使用过产品的著名设计。

以送资料为名留住顾客：

以送资料的名义挽留住顾客,然后在将资料交给顾客的同时,找到适

当的切入点展开和顾客的交谈,更容易使顾客放松警惕,减少被拒绝的概率。

举一反三

如何引起准备离开的顾客的兴趣?

1. _____
2. _____
3. _____

如何以送资料为借口让准备离开的顾客重新提起兴趣?

1. _____
2. _____
3. _____

2

探测顾客需求
实战情景训练

　　导购要找到顾客的购买开关,首先要探测和了解清楚顾客的需求和期望。导购要做的关键是拉近双方的关系,取得顾客的信任。导购可以通过察言观色和询问等方式,在与顾客的自然交谈中了解其购买需求和心态,从而推荐能满足顾客需求的产品。请记住:顾客需要什么就卖给他什么!

情景10
顾客以前听说过我们的品牌吗

常见应对

1. 您以前听说过我们的牌子吗?
   （开门见山式的提问，容易引起顾客的警惕）
2. 我们的品牌虽然是新品牌，但质量很好。
   （自揭其短，新品牌的质量总是很难让顾客信服的）
3. 我们的品牌是目前国内同行业中排名第一的。
   （过于强势的说法，容易引起顾客的抵触情绪）

引导策略

品牌的知名度和美誉度对于顾客选购产品起着十分重要的作用。对于顾客来说，选择不同品牌的家居建材产品体现了他们对不同生活方式的追求，所以，导购必须找出他们对于生活方式的期望，再有针对性地进行需求挖掘。

导购可以从这样几个方面来挖掘顾客对于家居建材品牌的需求，如品牌的档次、品牌的风格、品牌所获得的荣誉、品牌所代表的生活方式等，总有一点会让顾客心动。

 **话术范例**

话术范例一

导购："先生，请问您以前听说过我们的牌子吗？"

顾客："我在报纸上看到过你们的广告。"

导购："是这样啊，那您对我们品牌的印象如何呢？"（了解顾客对品牌的第一印象，以确定需求的挖掘方向）

顾客："听说不错，没什么具体印象。"

导购："谢谢您的认可，确实，我们的品牌是如今全球唯一实现板木结合多式多色多质的家具品牌。这一优势的最大特点就是可以根据您的需求定制独特的家具款式，充分展示您个人风格。"（突出品牌的卖点，用个人定制来引起顾客的兴趣）

话术范例二

导购："先生，我猜您一定没听说过A品牌。"（用肯定的语气引起顾客的好奇，通常对方会有两种反应）

顾客一："是啊，确实没听说过。"

导购："这就对了，因为A品牌从来没在大众媒体上做过广告，而我们的品牌能发展到今天这样的规模依靠的就是顾客之间的口耳相传。您想啊，如果我们的产品不好，哪会有人愿意给我们宣传啊？！您说对吧？"（突出品牌的质量优势，引起顾客对产品品质的需求）

顾客二："我还真听说过这个牌子。"

导购："那真挺不容易的，您一定经常关注建材行业，要不您就是业内人士，这个牌子几乎没怎么在大众媒体上做过广告，知道的人不多。不过它的口碑非常好，您说对吧？我给您拿样板看看？"（赞美顾客见多识广）

话术范例三

导购："先生，您一定听说过这个牌子吧？"

顾客一："是啊，我经常在报纸上看到这个牌子，听说质量还成。"

导购："是啊，我们××品牌现在几乎成了高档板材的代名词，很多高档会所用的是这个牌子的板材，款式也挺多的。我给您拿样板看看吧？"（突出高档需求）

顾客二："我还真没听说过这个牌子，很有名吗？"

导购："不会吧，您连××牌子都没听说过！（故作惊讶状，让顾客有该品牌应该是尽人皆知的感觉）可能是您没怎么留意过建材行业，现在这个品牌的板材是卖得最好的，好多业主都点名要这个牌子的实木地板呢！"

方法技巧

用反问来引起顾客的兴趣：

1. 顾客一定听说过某品牌，如果顾客同意，可以顺水推舟继续介绍品牌的风格、特点；反之，则可以用略显不屑的语气来让顾客感到自己未听说过这个牌子可能有点"孤陋寡闻"，并产生对该品牌的某种认同感。

2. 顾客一定没听说过某品牌，如果顾客同意，要适时向其介绍该产品的优点和顾客不了解的原因；反之，则可赞美顾客的内行，并征求顾客对该品牌的看法或是取得对方的认同。

从品牌的档次、风格、特点等方面来挖掘顾客的需求。

举一反三

如果顾客说自己没听说过 A 品牌时，作为导购，你如何处理？

1. _____
2. _____
3. _____

如果顾客说自己以前听说过 A 品牌时,作为导购,你又该如何回答?

1. _____
2. _____
3. _____

情景11
顾客想买什么类型的产品

常见应对

1. 先生,请问您想买什么材料的地板?
   (询问顾客对于产品材质的需求)
2. 请问您想买什么颜色的地板?
   (询问顾客对于产品颜色的需求)
3. 请问您想买什么花纹的地板?
   (询问顾客对于产品细节的需求)

引导策略

顾客购买家居建材产品的需求大致可以分为两类,即显性的需求和隐性的需求。顾客明确表达出来的需求一般可以视为显性需求,他们往往开门见山地直奔主题购买自己需要的商品,有明确的目的;隐性的需求一般是指那些顾客不太清楚的需求,他们可能没什么想买的,或者想买某一产品但不清楚具体细节。

导购应该清楚大部分顾客的购物需求是不明确的,至少有 70% 的顾客的需求都是隐性需求,所以就需要导购帮助他们找到明确的需求。在挖掘顾客的需求时,导购可以从上述常见应对涉及的三方面入手,作为对顾客需求的一种初步鉴定。

话术范例

话术范例一

导购："小姐，请问您想看看什么板材的地板？"

顾客："我也不知道哪种更好。"

导购："这就需要看您家里的具体环境了，一般来说实木地板的脚感好，可以选购的木材品种也很多，但缺点在于保养起来较麻烦，容易受损；地板砖便于打扫，缺点是没有地板舒适；强化板集合了实木地板和地砖的优点，但是环保性稍差；实木复合地板表面是3毫米左右的实木面层，下面部分一般为中纤板基层，耐磨程度介于强化地板和实木地板之间。您觉得哪种地板更适合您呢？"（介绍几种板材的特点，以供顾客选择）

话术范例二

导购："小姐，您喜欢什么颜色的地板？"

顾客："我喜欢深色的地板，但我听说应该根据家具的颜色来选择地板。所以我也不知道该选什么颜色了。"

导购："是的，小姐，一般来说地板的颜色应该衬托家具的颜色，而且地面是永久性装修，很难经常更换，所以最好还是选择中性一些的颜色。我想问一下，您家里的家具选择的是什么颜色的呢？"（介绍选购颜色的基本知识，并询问家具颜色，以便做出推介）

顾客："是红褐色的。"

导购："哦，是这样啊，那我建议您选择浅一点的地板颜色，因为深色的家具再搭配深色地板的话就会显得房间里太压抑了。您家是几楼呢？什么朝向？"（考虑其他影响选择的因素，如楼层、朝向等）

顾客："三楼，采光不太好。"

导购："那最好还是选择浅一点、亮一点的颜色，您看看这几个颜

色怎么样？"（在挖掘需求后做出具体推荐）

方法技巧

家居建材具体需求挖掘技巧：

1. 顾客对产品材质的需求；
2. 顾客对产品款式的需求；
3. 顾客对产品颜色的需求；
4. 顾客对产品花纹、其他细节的需求；
5. 顾客对产品功能的需求。

举一反三

导购如何挖掘顾客关于产品材质的具体需求？

1. _____
2. _____
3. _____

导购如何挖掘顾客关于产品款式风格的具体需求？

1. _____
2. _____
3. _____

情景12
了解顾客的基本情况

常见应对

1. 请问您家里有几个人住？
   （让顾客觉得导购在查户口，感觉不舒服）
2. 请问您房子买在哪个小区？
   （了解顾客居住的小区，一般住在高档小区的顾客可以向其推荐较贵的产品）
3. 请问您房子买在几层？
   （一般住在三楼或四楼的是有钱人，可以向其推荐较贵的产品）

引导策略

从顾客的个人信息中去挖掘顾客的需求是一种较好的办法，导购在与顾客的沟通中应有意识地挖掘一些顾客的个人信息，导购对顾客了解得越多，也就越容易为其推介合适的产品。而且了解顾客的信息不应局限于产品的购买方面，而应该对顾客进行全方位的了解。

要想了解顾客的基本情况，导购首先要学会与顾客交朋友，从双方感兴趣的话题开始交流，在自然的闲聊中有意识地引导话题，在不经意间谈及你想要了解的内容，比如顾客的职业背景、居住情况等，这样一来在愉悦的谈话中导购就可以掌握足够多的顾客信息。导购要注意多听少说，尽量引导顾客多说。

 **话术范例**

话术范例一

导购:"先生,看您这么年轻,肯定还没结婚吧?"(名义上赞美顾客年轻,实际上是在探测顾客的家庭结构)

顾客:"哪里,我小孩都3岁了,都能打酱油了。"

导购:"这还真看不出来呢!孩子都这么大了,那也应该准备给他布置一个独立的房间了。"

顾客:"是啊,今天过来就是看看儿童房的家具的。"

话术范例二

导购:"先生您好,我猜您是律师吧?"(用肯定的口吻,引起顾客的好奇)

顾客一:"是啊,你怎么知道?"

导购:"前两天正好有位律师在我们这里购买家具,我看他和您的气质品位挺相似的,没想到还真猜中了。您今天想看看什么?"

顾客二:"不是,我不是律师。"

导购:"呵呵,我前两天刚接待了一位律师,感觉气质和您很相似呢!看先生气质这么好,能不能请教一下您是做什么行业的呢?"(错了也不要紧,可以进一步探询他的职业背景)

话术范例三

导购:"小姐,为了更好地帮您推荐合适的家具,我能问您几个问题吗?"(单刀直入,征求顾客的意见)

顾客:"好的,请随便问吧。"

导购:"请问您是自己住还是和父母同住呢?"(家庭结构状况)

顾客:"我和我先生一起住,就我们两个。"

导购："二人世界啊，真让人羡慕。那我想请教一下您现在住在哪个小区呢？几层，什么朝向？"（居住情况）

……

方法技巧

每次闲聊中设定自己想了解的顾客的基本状况：

1. 顾客的个人资料（姓名、电话、联系地址等，越详细越好）；

2. 顾客的家庭情况（家庭人口、婚姻状况、家庭收入、是否有小孩及老人、小孩是否在读书等）；

3. 顾客的工作情况（工作行业、单位、工作地点、个人职位、收入等）；

4. 顾客的居住情况（居住小区、居住面积及户型、楼层等）；

5. 顾客的购买决策情况（资金来源及构成情况、谁是关键决策人等）；

6. 顾客对市场的了解情况，看过哪些家居建材产品品牌，感觉如何；

7. 顾客的其他情况（如个人爱好、经常接触的社交圈等，在与顾客沟通时，可增加顾客感兴趣的话题）。

用猜测来了解顾客的情况：

这样说的结果有两个：一是导购猜中了，这样就可以按照原有的思路继续进行下去；二是猜错了，导购可以讲出自己之所以这么猜测的原因，以解除顾客的戒心，并适时提出问题，更容易获得对方的回答。

根据顾客的回答来分析导购策略：

1. 向住在高档小区的顾客推荐高档家居建材产品；

2. 通常高层的房价较高，可以向其推荐高档产品；

3. 向职业普通的顾客推荐实用的、特价的、一般的商品；

4. 根据顾客的新房装修档次来推荐产品，可以从建材的品牌、档次来区分。

举一反三

除了上文列举的顾客基本情况外,导购还需要了解顾客的哪些基本情况?

1. _____
2. _____
3. _____

请你举出三种了解顾客基本情况的话术。

1. _____
2. _____
3. _____

情景13
顾客是为自家购买还是单位采购或送人

常见应对

1. 您是准备装修吗?
   (一般来说,准备装修的顾客大多是为自己购买)
2. 看样子,二位是刚结婚吧?
   (一般来说,新婚夫妇来家居建材卖场主要是为自己购买)
3. 您是准备自己用还是送人呢?
   (这种问题过于直白,不容易得到顾客直接的答复)

引导策略

顾客为谁购买家居建材产品是探测他们需求的一个重要问题。顾客自用或是送人对家居建材产品的要求是不同的,一般来说自用的产品顾客更重视实用性和个人感受,而用于送礼的产品比较重视产品的品牌、外观等问题。

导购首先可以从顾客的年龄和关注点上来判断顾客是为谁购买的。大部分年轻人购买这类产品一般都是自用,如果顾客是一对年轻夫妻,那么几乎可以肯定是为新房装修而购买产品;如果顾客年龄较大,则有可能是为送人而购买;如果顾客并不在乎产品的实际性能,而是比较关注品牌、外观、设计等方面的问题,则送礼的可能性很大;而负责单位采购的顾客,往往对产品有着具体的规格要求,但对于产品的外观设计并不重视。

话术范例

话术范例一

导购："先生,女士,二位好,趁周末过来看看建材,二位是准备装修吧?"(一般周末来逛家居建材市场的很少有单位采购)

顾客："是的,最近准备装修,先过来看看,了解一下市场行情。"(顾客的回答表明他们是准备装修房子,可以判断是自用)

话术范例二

导购："先生您好,我们的办公家具种类十分丰富,还可以根据您的要求为您定做。"(首先可以从顾客来店的时间和穿着判断他的来意,在工作时间一个人来店的顾客很有可能是进行单位采购)

顾客："我需要××(规格)的办公桌,要××颜色,配独立的电脑主机台座……(具体要求)。"(从顾客的这些要求一般可以判断他是为单位采购)

话术范例三

导购："小姐,这款沙发是我们现在卖得最好的单人沙发了,您眼光真好!"(赞美顾客的眼光)

顾客："除了粉色的以外还有什么别的颜色?"

导购："还有蓝色、黑色和黄色的,其实我觉得如果是您用,这款粉色的就特别漂亮。"(回答顾客的问题,并提出假设"如果是您用")

顾客："哦,不是我用,我是买来送人的,我觉得他不太适合用粉色的,蓝色是哪种蓝?"

方法技巧

自用、送礼、单位采购顾客关注的焦点不同:

1. 购买自用的顾客：注重产品的材料、设计、耐用性、售后服务等；

2. 单位采购的顾客：注重环保性、实用性、设计简单，有具体的规格标准；

3. 准备送人的顾客：注重产品的外观、档次，实用性其次。

☕ 举一反三

为自己购买产品的顾客和为单位采购的顾客关注点有什么不同？

1. _____
2. _____
3. _____

请你举出三种了解顾客购买目的的话术。

1. _____
2. _____
3. _____

情景14
顾客是否是购买的决策人

➡ 常见应对

1. 您自己能决定吗?
   （这等于在说"您在家没地位,做不了主!"）
2. 您需不需要再回家商量一下?
   （这种回答会让顾客觉得不舒服）
3. 您还需不需要再征求一下别人的意见?
   （这等于暗示顾客不是此次购物的决策人）

🧭 引导策略

　　装修、买家具对一个家庭来说实在是一件大事,往往需要参考所有家庭成员的意见并最终做出决策。单位采购也是一样,可能有许多人会介入或影响到购买的决策。所以导购应该在挖掘顾客需求的同时了解谁是购买决策人。

　　了解顾客谁是购买决策人对导购来说意义重大。通常,顾客有权做最终决定时导购只要说服他一个人就够了;如果还有更多的人参与到决策中,导购必须一一说服,而且应该根据不同决策人在购物中所处的地位来进行有针对性的说服。

 **话术范例**

话术范例一

导购："先生，既然您准备给小孩购买家具，那么您需不需要参考一下孩子的意见呢？毕竟这些家具是要给他们使用的，小孩子喜欢的颜色、款式也都十分重要。"（了解顾客是否需要再征询一下实际使用者的意见）

顾客："嗯，不用了，上周我已经带小孩子来看过，是他挑的这个款式和颜色。"

导购："那我就放心了，您可真是一个好爸爸啊！"

话术范例二

导购："小姐，您刚才提到您和家人同住，对吧？"

顾客："没错。"

导购："那我觉得您最好还是再参考一下家人的意见，毕竟这款沙发的造型比较前卫，一般的长辈不太容易接受呢！"（同住人的看法、眼光）

顾客："嗯，你说的有道理啊，那我再看看其他款式好了。"

导购："是的，如果考虑长辈的眼光的话，那款皮沙发可能是不错的选择，您可以看看。"（参考其他决策人的眼光，推荐更合适的产品）

话术范例三

导购："先生，您说的这款产品比较冷门，很少有顾客在装修时用得上，我能请教一下您是从哪里了解到这种材料的吗？"

顾客："哦，这倒是，我也是最近才听装修设计师说的，他说这种材料……（好处、作用）所以建议我过来看看。"（装修设计师对决策也有着不容忽视的影响）

导购："哦，那我能不能请问一下您的设计师有没有向您推荐哪个

品牌的产品?"(具体了解设计师的进一步影响)

 顾客:"哦,那倒没有,所以我就过来了解一下哪个品牌更好。"

方法技巧

可能成为决策权人的人:

1. 家具实际使用者的意见;
2. 顾客家人的意见;
3. 顾客亲戚朋友的意见;
4. 顾客的装修设计师的意见;
5. 单位采购上级决策人的意见。

举一反三

影响装修或购买家具决策的人还有哪些?

1. _____
2. _____
3. _____

导购如何探测出具体的购物决策人?

1. _____
2. _____
3. _____

情景15
顾客选择产品最注重品牌、质量、价位还是其他

常见应对

1. 您选择产品时觉得什么最重要？是品牌还是价格？
   （直接提问，给予顾客有限的选择，更容易得到直接的回答）
2. 您在购买家具时最担心什么？
   （顾客最担心的，也正是他们最重视的）
3. 假设您买了这款衣橱，您觉得是什么原因让您最终下定了决心？
   （假设购买法）

引导策略

顾客之所以购买某一款产品，是因为该款产品在质量、品牌、设计、做工、售后服务等某些方面契合了顾客的需求。顾客选择产品时最注重的因素，就是顾客购买的诱因，找到了顾客购买的诱因，就等于找到了按动顾客购买的按钮。

导购可以通过询问等方式探测到顾客选择产品时最注重的因素，或者从与顾客的对话中体会到他对选购产品的关心点，这个关心点就是顾客的具体需求。导购在了解到顾客的关心点后应尽可能放大这一需求，并结合顾客的购买心理推荐符合其需求的品牌和产品，这样将大大提高顾客购买的可能性。

话术范例

话术范例一

导购:"小姐,您在选购涂料产品时,是更重视品牌还是产品本身的质量呢?或者您还有什么其他考虑的因素吗?比如颜色的饱和度、光泽度或是使用的一些光折射技术?"(二选一式的问题,顾客在回答时可以有的放矢)

话术范例二

导购:"小姐,我听您刚刚提到过'质量高于一切',我是不是可以这样理解呢?只要质量过硬,那么其他因素都比较次要;比起价格、品牌、设计这些因素,质量是最重要的。我的理解没错吧?"(重复顾客说过的话)

话术范例三

导购:"先生,现在我们假设您已经买了这款水床,您觉得是什么原因促使您最终做出这种决定的呢?是产品的品牌呢,还是这款床的设计呢?"(假设顾客已成交,诱导他们说出问题的答案)

方法技巧

挖掘顾客需求的提问技巧:

1. 二选一式的提问:给出你想得到的答案,顾客往往会给予正面的答复;

2. 重复肯定式:重复顾客曾提到的语言,并分析解释,获得顾客的肯定;

3. 假设式提问:假设顾客已经购买产品,诱导他们说出问题的答案。

顾客购买家居建材产品时的"三怕"心态:

1. 怕买贵了:顾客买东西不怕买得贵,而是怕买得比别人贵;

2. 怕吃亏上当：想一举多得，要买得既便宜又实惠，物美价廉；

3. 怕产品价值缩水：顾客希望购买的产品顺应潮流、不落伍，同时还想产品增值。

顾客购买家居建材产品时注重的因素：

绿色环保 > 耐用实在 > 款式设计 > 价格合理 > 名牌效应 > 优质服务

举一反三

导购如何用提问的方法挖掘顾客的需求？

1. _____
2. _____
3. _____

导购如何利用顾客购买家具时的"三怕"心态来找出他们对产品的需求？

1. _____
2. _____
3. _____

情景16
顾客是首次装修还是二次装修

常见应对

1. 请问您是第一次装修吗?
   (太过于直接,这会让顾客觉得导购会因为他第一次装修不专业就欺骗他,从而产生不信任感)
2. 您以前没装修过吧?
   (这会让顾客觉得你盛气凌人,从而告诉你错误的答案)
3. 您是首次装修还是二次装修?
   (过于直接,没礼貌)

引导策略

购买建材、家居产品的顾客主要有两类人群,年龄在 25~32 岁和 35~45 岁。这两类人群主要有两个购买目标,其一是结婚购置,其二是二次置业购置。在这两类人进入卖场时导购要格外注意。

一般来说,首次置业的多为年轻人,他们没有足够的家居建材产品购买经验,不知道怎样选购产品,也不了解各种家居建材产品各自的特点;而准备更新换代的顾客则相反,他们大多有一定的装修和选购经验,知道什么类型的产品更适合自己,对家居产品也有自己独特的使用体验。对这两类顾客,导购要有针对性地予以引导,对没有经验的顾客要予以主动引导,而对有一定经验的顾客则应主要听从他们自己的意见,导购可以在适当时机给予参考意见。

 **话术范例**

话术范例一

（一对青年男女进入卖场，样子很亲密）

导购："二位好，欢迎光临××，想来看看卧室家具吗？我看你们好像挺累的，先坐下来休息一会儿。二位是为装修新房忙坏了吧？"（推测顾客是新婚装修新房）

顾客："是啊，没想到装修这么累。"（从顾客的回答中肯定顾客是第一次装修）

导购："累是有点累，但也是一种幸福的累啊！想省点心的话，你们可以选择卧室组合套装，你们是喜欢现代简约风格还是复古风格呢？"（进一步挖掘顾客的需求）

话术范例二

（两位中年人进入卖场）

导购："二位好，想看卫浴产品吧？"

顾客："这种浴缸……（专业、细节的问题）"

导购："您问的这个问题很好，看样子您肯定不是第一次装修了吧？"

顾客："是啊，这次买了新房，准备好好装修一下。"

导购："那我要恭喜您乔迁之喜了，您在哪个小区买的房？"（根据顾客的回答确定顾客是准备更新换代）

 方法技巧

首次装修顾客的特点：

1. 追求产品的新潮与时尚，往往喜欢购买新产品；
2. 崇尚品牌，推崇名牌；

3. 突出个性与自我的产品会吸引这类顾客；
4. 购买时较冲动，注重体验与直觉。

二次装修顾客的特点：

1. 多为理智性购买，消费行为更合理；
2. 追求实惠，讲究经济实用；
3. 购买前做大量的准备工作，选购时认真细致，注重产品的性价比；
4. 不容易为导购的意见所左右。

举一反三

首次装修和二次装修的顾客各有什么特点？

1. _____
2. _____
3. _____

导购可以从哪些方面来区分顾客是首次装修还是二次装修？

1. _____
2. _____
3. _____

情景17
顾客是购买单件产品还是整间房装修

常见应对

1. 您只买一件家具吗?
   （买什么、买多少都是顾客的自由，这样的提问会让顾客很窝火）
2. 您是想只更换这一件还是给整个房间换一套新家具?
   （开门见山地询问，容易引起顾客的警惕）
3. 您是只装修厨卫还是整间房装修呢?
   （这种问题容易引起顾客的抵触，不容易得到直接的回答）

引导策略

　　顾客在选购家居建材产品时，整间房装修和购买单件产品的要求是不同的。一般来说，意欲购买单件产品的顾客比较注重产品与其他家具装修风格的搭配；而整间房装修的顾客则基本不存在这个问题，他们考虑的是选购的整套产品是否符合自己想要的风格。

　　导购询问顾客这一问题的目的，就是要了解顾客选购产品时是否需要考虑搭配已有的家具和装修风格。如果顾客只是想购买单件产品，则导购需要询问他家里的装修风格和现有家具的风格，以推荐最适合的产品；如果顾客是要进行整体装修，导购要做的就是了解他们的装修喜好，如想要的风格、色调等。

话术范例

话术范例一

导购："小姐,请问您是想更换整套家具还是只换一组沙发呢?"（直接询问顾客的需求）

顾客："我家里的沙发坏了,想换一套新的。"（顾客只想购买单件产品）

导购："哦,是这样啊,那您家里客厅的其他家具是什么风格呢?"（了解顾客家里现有家具的风格,以便为其推荐合适的产品）

话术范例二

导购："先生,请问您是只装修卧室还是进行整体装修呢?"

顾客："家里已经装修好几年了,最近准备重新装修。"

导购："哦,原来是这样,那您喜欢哪种风格的家居设计呢?您可以跟我说说,我帮您推荐几款合适的地板。"（想要进行整体装修的顾客,要根据他们对装修风格的喜好推荐合适的产品）

话术范例三

导购："大姐,为了帮您推荐最合适的家具,您能不能告诉我您是想买一整套的客厅家具还是只更换其中的几件呢?"

顾客："我是想更换整个客厅的家具,但又怕和其他房间的家具不搭配。"

导购："嗯,我理解您的想法。您可以跟我说说您家里其他房间的家具款式或是颜色什么的,我好帮您推荐几款合适的产品啊!"

方法技巧

顾客只更换单件产品时,导购需要了解的内容:

1. 顾客现有的家装风格；
2. 顾客家其他的家具风格；
3. 顾客家里的整体装修色调。

顾客整体装修时，导购需要了解的内容：
1. 顾客心仪的装修风格；
2. 顾客喜欢的家具款式；
3. 顾客喜欢的色系。

举一反三

如果顾客想要更换现有家具，导购需要了解哪些情况？

1. _____
2. _____
3. _____

如果顾客是新房装修，导购该如何挖掘他们的需求？

1. _____
2. _____
3. _____

情景18
顾客的购买预算大概多少

常见应对

1. 您大概想买什么价位的产品？
   （开门见山地询问，虽然直接，但顾客往往不愿意告知）
2. 您准备花多少钱重新装修厨房？
   （了解顾客的整体预算）
3. 您想看看什么档次的家具？
   （档次往往决定了产品的价格）

引导策略

顾客装修房间、购买家具是一次涉及较大金额的支出，顾客在选择家居建材产品前往往会做好预算，然后根据自己的预算来选购符合条件的产品。顾客对产品不同价位的需求，反映了顾客的购买力和需求档次，导购必须探测到顾客的预算，然后有针对性地推介符合预算的产品，才有可能成功实现销售。

导购可以采用直接询问以及侧面探询两种策略来了解顾客的购买预算。直接询问就是直接问顾客此次装修或购买家具的总预算是多少，然后根据顾客的预算来为其推荐合适的产品；而侧面探询则可以通过询问顾客对品牌和质量有没有特殊要求，如果顾客对产品质量要求比较高，就给他介绍价格中高档的产品，如果顾客要求不高，就给他介绍中低价位的。

 **话术范例**

话术范例一

导购："先生，请问您此次装修的总预算大概是多少？地板方面大概能占到百分之多少呢？"（了解顾客的装修总预算和地板项目的预算）

顾客："地板装修预算大概5万元吧。当然了，越便宜越好。"

导购："是这样啊，那您家里大概有多大面积呢？"

顾客："80平方米吧。"

导购："那根据您的预算，我觉得这两种地板比较适合您。我给您介绍一下吧。"

话术范例二

导购："女士，您对木地板有什么具体的要求？"

顾客："要名牌、质量好的。"

导购："您说得对，地板装修是一辈子的事，选质量好的确实更放心。您是想选择国产名牌还是国际名牌呢？"

顾客："这两者的价格大概相差多少？"

导购："同一档次的国产名牌与国际名牌木地板每平方米大概相差100元。"

顾客："哦，那就选国产名牌好了。"

导购："好的，质量过硬、口碑又好的国产名牌木地板主要有A和B，A的特点是……B的特点是……"

话术范例三

导购："小姐，请问您厨卫的装修预算大概是多少？"

顾客："5万元左右吧。"

导购："根据您的预算，我觉得我们这个套系的产品非常适合您。

我给您简单介绍一下吧?"

 方法技巧

询问顾客的预算,并根据预算来为其推荐合适的商品:
1. 您的装修总预算是多少?
2. 您单项产品购买的预算是多少?
3. 您准备花多少钱购买家具?

举一反三

作为导购,你如何询问顾客的装修预算以及单项产品的购买预算?
1. _____
2. _____
3. _____

作为导购,你如何根据顾客不同的预算为其推荐合适的产品?
1. _____
2. _____
3. _____

情景19
顾客是近期购买,还是看中就立即购买

常见应对

1. 您现在已经拿到钥匙了吗?
   (拿到钥匙一般也就意味着即将装修)
2. 您家里已经开工了吗?
   (如果已经开工了,就意味着可能会立即购买)
3. 您家里装修已经结束了吗?
   (装修结束意味着买家具提上了日程)

引导策略

　　顾客在购买建材、家具时可能会出现了解产品和购买产品不同步的情况,因为装修、买家具对一个家庭来说是一件大事,也是一件专业的事情,顾客只有在充分了解自己想购买的产品之后才会购买,同时还必须参考房子的交付时间、装修进度等客观因素。所以顾客往往会在实际装修前的几个月就到卖场了解情况,但实际购买可能是几个月之后的事。

　　导购不能因为顾客没有立即购买就对其态度冷淡,而是需要找出顾客现在不购买的原因,然后采取针对性的措施引导其购买。导购可以问顾客为什么要几个月之后再买,然后再根据顾客的回答予以应对。

 **话术范例**

话术范例一

导购："小姐，请问您现在已经开始装修了吗？"（询问工期）

顾客："嗯，还没有呢，我准备3个月后开始动工。"（顾客的回答意味着3个月以后才会买）

导购："是这样啊，那我能不能请问您为什么决定3个月以后再装修呢？"（了解顾客的原因）

顾客："听说冬天不适合装修，所以准备开春以后再动工。"（顾客因为季节原因不能马上动工）

导购："理论上是这样，但现在也有研究证明，冬季是一个非常适合装修的时间……"（解释冬季为什么适合装修）

话术范例二

导购："先生，欢迎光临，这大热天的，赶紧坐下来休息一下，我给您倒杯冰水吧？"

导购：（给顾客倒水，并带来产品介绍）"您先喝点水，看看资料。家里装修完了吧？"（拉近和顾客的关系，在不经意间提出问题）

顾客："是啊，刚装修完，所以过来看看家具。"（顾客的回答解决了导购的疑问）

导购："那可得恭喜您了，家里是什么装修风格呢？"（了解顾客的装修风格，开始推荐产品）

话术范例三

导购："先生您好，您想看哪种地板？"

顾客："我房子钥匙还没交呢，现在先过来了解一下。"（顾客现在不准备购买）

导购："好，先充分了解市场行情是对的。您喜欢什么风格的产品，我给您介绍一下吧？"

……

导购："先生，您给我留下联系方式吧，这样我们有什么优惠活动也可以及时通知您。"（如果顾客今天不准备买，导购要想办法留下顾客的联系方式，好进行后续的销售、追踪）

方法技巧

导致顾客不准备立即购买的原因：

1. 房间钥匙尚未交付；
2. 因为季节原因不适合装修；
3. 装修尚未结束；
4. 顾客认为现在不是购买的最佳时机；
5. 顾客还有问题尚未解决，不愿意购买。

针对顾客的问题给出解答：

1. 房间钥匙尚未交付——请顾客留下联系方式；
2. 因为季节原因——解释这个季节适合装修的理由；
3. 装修尚未结束——顾客可以先订下来，等需要时再送货；
4. 不是最佳购买时机——用专家或其他论调证明现在是最佳购买时机；
5. 有问题尚未解决——解决顾客的疑问。

举一反三

请你列举三种顾客近期不准备购买的原因。

1. _____
2. _____
3. _____

如果顾客说不准备马上购买，导购该怎么办？

1. _____
2. _____
3. _____

情景20
顾客看了很多款产品都不满意

常见应对

1. 这么多款式，都没有您喜欢的吗？
   （这种提问有埋怨顾客的感觉，会得到顾客消极的回答）

2. 您刚才看的这款橱柜很不错啊！
   （导购应该在顾客观看的同时介绍，而不是之后）

3. 您可以再看看其他款式啊！
   （放弃得过于轻易，导购应明白正确地做事，也要做正确的事）

引导策略

顾客看了很多产品都不满意，主要有以下几个原因：第一，导购没有弄清楚顾客的真实需求，总是让他们看不需要的产品，这会导致顾客对导购的不信任；第二，顾客只是来了解市场行情，他暂时没有购买产品的计划；第三，他已经看中了某款产品，来卖场只是了解行情，研究市场。

针对以上几种情况，导购需要从各个角度、通过反复的询问来弄清楚顾客不满意的具体原因，然后再进行有针对性的引导。

话术范例

导购："先生，您觉得我介绍的这几款涂料怎么样？"

顾客："我都不太喜欢。"（顾客直接拒绝）

导购："实在对不起，我没有能为您推荐满意的产品。您需要的是环保性能出众、颜色饱和度高、光折射效果好的产品，对吧？"（重新确认顾客的需求，以确保导购进行了正确的推荐）

顾客："是的，没错。"

导购："那您可以再看看这款，除了具备您说的这三个特点外，它独特的净味和分解甲醛技术不仅能大幅度降低产品中残存的气味，达到真正的净味效果，还能有效降低室内空气中的甲醛含量。此外，它还集多种功能于一身，可以全面解决墙面的问题，为您提供最佳的墙面效果。"（根据顾客需求重新推荐产品，来试探顾客是真的需要，还是只是来了解产品）

顾客："是这样啊。"（顾客明显地表达出推托的意思）

导购："看您似乎还是没什么兴趣，您是不是已经找到自己喜欢的产品了呢？"（询问顾客是否是来了解产品的市场行情的）

顾客："是这样的，其实我看中了××品牌的××（型号），他们报的价格我不太满意，所以想再看看。但是看了你介绍的品牌后，觉得还是那个牌子的更好。"

导购："原来如此，其实××品牌我们也在做。他们给您报的价是多少？"

顾客："××元。"

导购："这么贵？如果您喜欢这款产品，我可以给您这个价格，××元。怎么样？"

摸清顾客不满意的原因：

1. 导购没有弄清顾客的真实需求；
2. 顾客只是来了解市场，持观望态度；

3. 顾客已经看好了某款产品，来卖场不过是刺探市场行情。

有针对性地予以解决：

1. 对于没弄清顾客需求的情况，重新挖掘顾客需求；
2. 如果顾客持观望态度，则提出现在进行装修投资的好处；
3. 如果顾客已经看中了其他产品，则动摇其信心或给予更低的价格。

举一反三

顾客为什么对导购介绍的产品都不满意？

1. _____
2. _____
3. _____

导购如何挖掘出顾客的真实需求？

1. _____
2. _____
3. _____

情景21
顾客没购买,请其留下联系方式

常见应对

1. 谢谢光临,欢迎下次再来。
   (这种说法顾客几乎在每一个家具店都能听到)
2. 您暂时不买没关系,再去看看好了,欢迎您随时过来。
   (要知道,顾客一旦走出去就可能不再回来)
3. 瓷砖产品都差不多,在谁家买都没什么差别。
   (这等于告诉顾客我们的产品没什么特点,还是别买了)

引导策略

据统计,顾客在购买家居建材产品时往往会往返卖场2~4次后才购买。这是因为这些产品单项价值较大,使用寿命较长,一旦购买不当就会直接影响到顾客的使用,所以顾客在购买前期一般会做许多功课,如到卖场收集产品信息、向亲朋好友征询意见、在网站上查找资料等,力求选购到最合心意的产品。

顾客的这种决策过程表明销售家居建材产品不是一锤子买卖,而是一个长期的过程,导购很难一次性地向顾客卖出商品,而是需要一个长期磨合的过程。因此,导购不要期望一次就抓住顾客的心,而是通过各种技巧和手段争取让顾客留下他们的具体联系方式,通过事后的跟进联系来打动顾客的心。

 话术范例

话术范例一

导购："先生,我很理解您的想法,毕竟装修是一件大事,得慢慢筹划。这样吧,我给您留一个我的联系方式,有什么需要您可以跟我联系。先生,这是我的名片。对了,您方便留个联系电话给我吗?这样我们有什么优惠活动我可以第一时间通知您。"(在给顾客留下自己联系方式的同时让顾客留下联系方式)

话术范例二

导购："小姐,能不能耽误您几分钟?请您填一份调查问卷,主要是关于您对橱柜产品的意见的。就几个问题,之后我们会有一个抽奖,您要是中奖了我们会电话通知您的。"(借用抽奖的方式留下顾客的联系方式)

话术范例三

导购："先生,我理解您的想法,装修确实是件大事,劳心劳力。我们现在正在举办一个活动,对到店的顾客免费赠送装修资料,内容都是关于装修的知识,挺实用的,尤其对没装修经验的人特别实用。您在这边登记一下,到时候我们邮寄给您,好吗?"(利用赠送资料来让顾客留下联系方式)

 方法技巧

让顾客留下联系方式的技巧:

1. 在递送自己名片的同时请求顾客留下自己的联系方式;
2. 以"有优惠活动时及时通知"来吸引顾客留下联系方式;
3. 以"抽奖"诱惑顾客留下联系方式;
4. 以"送赠品"的方式让顾客留下联系方式。

举一反三

让顾客留下联系方式的技巧有哪些?

1. _____
2. _____

导购如何让暂时不准备购买的顾客留下他们的联系方式以便后续跟踪？请举例说明。

1. _____
2. _____

3

产品展示解说
实战情景训练

产品展示解说是吸引顾客眼球和刺激其购买欲望的推动器。导购展示解说产品，实际上就是一个塑造卖点的过程。再好的产品也需要通过塑造核心卖点来让顾客认可，比如产品的品牌、独特的功能、良好的服务。顾客正是通过导购所塑造的一个个卖点来了解产品能带给自己的利益与好处，进而爱上它们并付款埋单的。

情景22
简单介绍产品的品牌、材质、产地等基本情况

常见应对

1. 我们是全国销量最大的儿童家具品牌。
   （介绍品牌特点）
2. 这款家具是实木贴面的。
   （介绍产品的材质特点）
3. 这款沙发是意大利进口的。
   （介绍产品的产地）

引导策略

导购必须熟知自己产品的品牌、材质、产地等基本知识，这样在向顾客介绍产品时就会胸有成竹，无论顾客提出什么样的问题，都能够准确应对，在顾客面前树立家居建材专家的形象，从而赢得顾客的信赖。如果导购让顾客觉得你一问三不知，那么他们是不会愿意向你购买产品的。

大多数家居建材企业都有专门介绍自己产品的资料，而导购除了对产品知识进行死记硬背之外，还要把这些专业深奥的内容深度消化，用顾客熟悉的语言表达出来，并与顾客的利益结合起来，这样才能让顾客对导购推荐的产品留下深刻的印象。

话术范例

话术范例一

🙋 **导购：**"先生，我们是全球唯一实现板木结合的多式多色多质的家具品牌，是去年全国销量最大的儿童家具品牌，同时还是国内儿童家具市场用户满意度第一的品牌，您选择我们的产品是绝对可以放心的。"（介绍品牌的卖点）

话术范例二

🙋 **导购：**"先生，我们的板材使用的木材种类非常多，有美国的橡胶木、松木、香樟、E1级原木纳米板等，您一定可以找到最满意的产品。"（介绍产品材质的种类，让顾客从中选择最适合的产品）

话术范例三

🙋 **导购：**"先生，我们的家具产品是意大利进口的，不仅邀请曾获得××奖的意大利设计师××专门设计，而且全部工序都是在意大利制造完成的，展现了浓厚的地中海风格。"（产地、设计师、风格特点等）

方法技巧

介绍产品基本情况的内容：

1. 产品的品牌特点、风格、历史、特点、荣誉等；
2. 介绍产品的材质、种类、特点、风格等；
3. 产品的设计者、制造者、产地等；
4. 产品的风格、功能、生产流程、独特卖点、售后服务等。

通过死记硬背对产品、品牌有全面深刻的了解，达到倒背如流的程度。

举一反三

请列举你的产品材质,以及该种材质的优点。

1. _____
2. _____
3. _____

请列举你的产品的独特之处,以及能带给顾客的利益。

1. _____
2. _____
3. _____

情景23
展示产品的资质证明

➡ 常见应对

1. 我们的产品获得了国内××比赛的设计金奖。
   （介绍该款产品获得的荣誉）
2. 我们的产品通过了××检测。
   （介绍产品通过的认证）
3. 我们的产品是北京市场上用户满意度第一的产品。
   （介绍产品被认可的程度）

引导策略

产品的资质证明也是导购在进行产品介绍时应重点强调的一项内容，向顾客介绍产品所获得的荣誉能有效增加顾客对产品质量的信心。对于很多顾客来说，产品所获得的资质证明比导购滔滔不绝的介绍管用得多。

对于产品获得的资质证明，导购应牢记其名称、认证机构、认证时间等，以便在介绍产品时告知顾客。最好还能展示各种资质证明的复印件、牌匾等实物，以增加产品的说服力，给顾客留下深刻印象。

话术范例

话术范例一

导购:"先生,我们的产品通过了目前国际上最权威的ISO9001质量认证。这一认证是涵盖了产品的设计、生产、安装、服务、使用、环保等全过程的权威认证。您看,产品上还贴有ISO9001质量认证标志呢!"(介绍产品通过的权威认证)

话术范例二

导购:"先生,我们产品的环保标准达到了目前市场上通行的E1标准。这个E1标准呢,通俗点说就是可以把家具直接放在居室内,在室温下是不会释放甲醛等有害物质的。"(介绍产品所达到的产品资质标准)

话术范例三

导购:"大姐,我们企业的品牌是省内家具行业的十强品牌之一,是目前唯一的一家专业的××家具企业,享有良好的市场声誉。同时,我们还是家具行业的心连心企业,在这一季的市场满意度调查中名列第一。您看,《××晚报》还对我们公司进行过专访呢!"(介绍产品所获得的荣誉)

方法技巧

介绍产品资质荣誉的具体内容:

1. 企业近10年发展过程中的大事件;
2. 企业所获得的荣誉有哪些;
3. 企业的社会形象;
4. 社会公众对企业的评价;
5. 企业目前的规模、实力等。

了解企业资质、荣誉的途径：

1. 定期浏览企业的官网，了解最新产品、公司新闻、行业动态等；

2. 完整保留企业的宣传册，重点牢记有关企业文化、产品荣誉等方面的内容；

3. 观看企业投放的广告，牢记宣传词、经典的广告画面；

4. 经常参加企业进行的培训、讲座；

5. 记录自己的工作经验、心得、体会。

☕ 举一反三

你的企业获得过什么荣誉？这些荣誉的价值以及可以带给顾客的利益有哪些？

1. _____
2. _____
3. _____

你的企业现在的规模、实力以及市场认可度如何？

1. _____
2. _____
3. _____

情景24
专业介绍产品的工艺、品质

➡ 常见应对

1. 我们的产品使用了国际最先进的××工艺。
   （介绍产品的工艺特点）
2. 我们的产品走的是定制路线。
   （介绍产品的特点、卖点）
3. 我们的产品是国家免检产品，品质值得信赖。
   （介绍产品的品质特点）

🧭 引导策略

要想成为专家级的导购，不仅要熟记产品的各项卖点，同时还要掌握专业的产品介绍方法。以产品的工艺、品质等优势塑造出核心卖点，并与顾客的利益相结合，从而打动顾客，满足顾客的需求，这样才能得到顾客的认可。

要成为专家级的导购，需要做好以下几点，即完善套路、全面覆盖、突出重点、塑造卖点，从产品的工艺、品质入手，做好全方位的产品介绍。

💬 话术范例

话术范例一

导购："先生，我们这款橱柜采用了国际上最先进的钢琴烤漆8次喷涂技术，同时还结合了紫外光闪增固化工艺。这种工艺的好处就是橱柜表

81

面可以呈现出镜面般的效果，非常漂亮。您照一照，看是不是可以当镜子用？"（介绍产品的独特工艺）

话术范例二

导购："我们的产品最大的特点就是个人定制，可以根据您的需要定做家具的颜色、款式，甚至材质，能够充分满足您的个性化需求。在目前市场上，这一特点除了我们没有任何一家品牌可以做得到呢！"（介绍产品的独特卖点）

话术范例三

导购："先生，我们目前已经有20多套橱柜样板，分别展现了不同的风格和设计理念。您想象一下，如果在您的厨房里安装了这样一整套华丽又大气的欧式橱柜，您和家人是不是没做饭就已经陶醉了呢？您太太每天在这样的环境中为您制作美食，做出的食物也肯定更加美味了，对吧？"（塑造产品的感性价值）

方法技巧

专家级导购应具备的特点：

1. 熟悉自己产品的工艺、品质等特点；
2. 同时了解主要竞争对手的上述方面；
3. 对家居建材行业有整体的认识；
4. 懂得如何布置家居环境、摆放家具、保养等；
5. 了解顾客心理，懂得通过制造产品的感性价值来介绍产品。

专家级导购产品介绍的三方面：

1. 介绍产品设计理念、企业文化；
2. 塑造产品卖点，如产品的制造工艺、品质等；
3. 塑造产品的感性价值，通过利益联想来展示产品。

举一反三

请你列举专家级导购需要掌握的产品介绍内容。

1. _____
2. _____
3. _____

导购如何通过塑造产品的感性价值来展示产品的卖点?

1. _____
2. _____
3. _____

情景25
借助专业道具展示产品

常见应对

1. 我们可以通过软件来看看这款壁纸的实际效果。
   （利用软件将顾客带入一个更互动、实用的装修设计过程，让顾客通过体验产品在场景中的应用而产生购买欲）
2. 这是摆放这款家具的样板间图片。
   （利用图片来展示产品）
3. 利用专家的评测结果来展示产品。
   （用数据说话，容易使顾客信服）

引导策略

"工欲善其事，必先利其器"，导购在销售过程中要懂得借助销售道具来展示产品，让顾客全面了解产品并感知其实际的使用效果。使用适当的销售道具不仅能有效地吸引顾客的关注，还能有效地提高产品的成交率。

因此，导购在销售过程中要善于灵活运用各种专业的销售道具，从各个角度向顾客充分展示产品，让顾客对产品有一个形象化的了解。例如，专业的互动软件可以让顾客通过互动来亲自设计装修，从实用的角度将各种产品带入装修设计过程，让顾客观看设计后的效果而产生购买欲望，是一种将产品置于整体家居空间中体验装修效果的有效方法。

 **话术范例**

话术范例一

导购:"先生,我们这种耐磨砖是十大名牌产品之一,是用7800吨压机压出来的,非常结实,非常耐磨!嗯,'耳听为虚,眼见为实',我这里有一枚钢钉,请您随便挑一块耐磨砖,然后用钢钉在砖上划几下,看看结果会怎么样?"

顾客:"奇怪啦,砖的表面没有任何痕迹啊!"

导购:"对啊,用钢钉划都不会留下痕迹,这说明我们的产品确实非常耐磨,否则怎么能称之为耐磨砖呢,您说对吧?"

话术范例二

导购:"先生,这款××全效墙面漆是我们最新推出的产品,可以说代表了现代涂料技术的最高水准。这款涂料使用了ICI独有的Lumi Tech宽显技术,这种技术的优势就是在相同色相和饱和度下,其亮度是其他墙面漆亮度的两倍,大大提高了房间的明亮度和空间感。您可以看看这两个纸制的小房间,您觉得图片上的房间哪个面积更大呢?"(利用图片展示产品)

顾客:"这个。"

导购:"其实这两个房间的面积是一样大的,而您觉得这个房间的空间更大,正是因为这个房间使用了××全效墙面漆。您看,上面清楚地写着使用的涂料名称,您说感觉大的这个使用的正是这款最新型的涂料。"(通过顾客自己的选择来印证产品介绍的说法)

话术范例三

导购:"小姐,现在最流行的就是这种布艺沙发了,风格多样不说,还非常方便,尤其是特别容易清洗。您看(拿出圆珠笔,在沙发上轻划),即使这样,只要用沾水的布仔细擦一下就没有了,没错吧?"(用圆珠笔造

成的污渍来证明布套易于清洗的特点）

 方法技巧

有效的产品销售道具：

1. 产品本身；
2. 说明书、专业的技术资料等；
3. 报纸、期刊、网络的评论介绍；
4. 特制的专业道具；
5. 图片等其他小道具。

灵活有效地使用销售道具：

1. 不要因为刻意使用新奇道具而使顾客不满；
2. 要围绕销售主题展开，不能风马牛不相及。

举一反三

请你列举 3 种常见的家居建材产品销售道具。

1. _____
2. _____
3. _____

请为你的产品设计 3 种有效的销售道具，并运用到实际销售过程中。

1. _____
2. _____
3. _____

情景26
从不同角度现场展示产品

常见应对

1. 我们的产品是可以随时变换使用方向和组合长度的。
   （通过变换家具的摆放组合来展示产品）
2. 房间里的光线不同对这款壁纸的花纹效果有很大影响。
   （利用光线的变化来展现壁纸花纹的不同效果）
3. 这款产品搭配不同的装饰品，会出现完全不同的效果。
   （利用装饰品来展现产品的不同风格）

引导策略

从不同的角度展示家居建材产品会产生不同的效果，卖场的光线、装饰、摆放位置、搭配组合等方面不同往往会使同一款产品呈现出不同的形态。所以，在向顾客展示产品时，导购应从各种角度展示产品，让顾客全方位感受产品的各种形态。

导购可以根据产品的具体情况从不同的角度进行展示，例如可以利用光线的明暗来展示产品，也可以利用同一产品和其他不同产品的组合进行展示，总之展示的目的就是要使顾客对产品有一个全方位的认识。

话术范例

话术范例一

导购："大姐，购买新家具最重要的还是要和家里已有的产品风格

相符、搭配和谐。我们也充分考虑到了这点，您可以看看我们这几个样板间，我们特别装饰出了几个有代表性的样板间组合，基本上涵盖了现有的装修风格。您看看哪种风格符合您家里的情况？"（带领顾客看不同的组合搭配，帮助他们找到最适合的家具产品）

话术范例二

导购："先生，我们这款产品，准确地讲应该叫作壁纸瓷砖，也可以称为仿壁纸。您可以靠近点看看，从表面上看，我们这种壁纸瓷砖与墙纸几乎是一模一样的，如果您不用手去摸绝对分辨不出这是真的壁纸还是假的。普通的瓷砖一般表面比较光滑，在光线下有时就会显得特别刺眼，但是我们这款瓷砖是不一样的，我给您打开灯看看吧，您看是不是一点也没有反光的感觉？这是因为我们的瓷砖采用了一种凹凸专利技术，用进口压机压制成型，密窑烧制，这样就可以使光线在表面细小的纹路之间折射、反射，吸光不刺眼，您自己看看，是不是感觉光线特别柔和舒适？"（利用光线来展示产品特点）

话术范例三

导购："小姐，像您这种年龄的顾客大多喜欢通过改变家具或是装饰品来变化家居风格，不知道您是不是也这样？"

顾客："嗯，我也挺喜欢变化的，一成不变太闷了。"

导购："您说得对，现在布艺沙发之所以如此盛行也是这个原因，您看，我们可以通过改变沙发的布套轻易变换居室的风格。春天我们可以使用这种田园风格的布套，看着就特别讨喜；夏天可以用一些清爽的图案；冬天则可以利用一些温暖的颜色来呈现家的温暖。我们为这款沙发设计了许多种不同风格的布套，您可以根据自己的喜好自由选择，这里有许多图样，您可以看看。不论您喜欢什么样的风格，您都能找到自己满意的。"（通过产品的不同装饰搭配来展示产品）

方法技巧

刺激顾客视觉效果的技巧：

1. 从不同角度来展示同一种产品；
2. 利用现场的灯光变化来展示产品；
3. 利用不同的家具组合来展示产品；
4. 利用有特色的装饰品来展示产品。

举一反三

请你利用灯光效果来有效展示产品的特点。

1. _____
2. _____
3. _____

导购如何通过不同风格的装饰品来展示产品？请举例说明。

1. _____
2. _____
3. _____

情景27
请顾客触摸、使用、体验产品

常见应对

1. 您可以摸摸看。
   （请顾客触摸感受产品的材质）
2. 这张床很轻的，您可以搬一下试试。
   （让顾客自己搬动产品）
3. 您可以躺上去感受一下。
   （让顾客亲身体验产品）

引导策略

在家居建材卖场销售中，让顾客亲自体验产品是非常有效的交流手段，也是提升顾客关注度、让顾客了解产品特点的重要途径。根据消费心理学分析，决定消费者购买的关键时刻有两个：买的时候和用的时候。所以，增强顾客的使用感受，实现顾客和产品的互动，是一种非常有效的销售手段。

在介绍产品时，导购应该主动引导顾客去亲自触摸、使用、体验产品，让顾客感受产品的真正使用效果，以身临其境的方式体验产品的优越性，从而强化顾客对产品的体验感受，有效刺激顾客的购买欲望。

 话术范例

话术范例一

导购："小姐，我看您肯定是累了，先坐在沙发上歇歇吧，我给您倒杯水。"

顾客："好的，真是累坏了。"

导购："是啊，挑家具可是一个体力活儿，不比上班轻松。现在感觉怎么样？"

顾客："好多了，这款沙发坐上去还挺舒服的。"

导购："是啊，我们这款沙发从面料到泡沫，再到弹簧，使用的都是进口材料和技术，坐上去特别舒服……"（介绍产品特点）

话术范例二

顾客："我想看看地板，但不知道实木地板和实木复合地板有什么区别。"

导购："先生，简单看一下这两种板材，您就可以分辨了。您看，这是实木地板，您可以摸一下，它是100%原木制造的，没有黏合、拼接，就是在表面上淋漆，几乎是纯天然的；您再看这种实木复合地板，您再摸一下，是不是很明显地感觉到缝隙？因为这是用几层木材抛片黏合而成的，一般表层的木材都比较名贵，但是很薄，下面则是普通的木材。实木地板的优点在于脚感好，但是保养比较困难，易损伤，价格也较贵；实木复合地板比较耐用，耐磨程度也更高，但脚感逊于实木地板，不过价格较低。您觉得哪种比较适合您呢？"（请顾客通过触摸感受产品的品质）

话术范例三

导购："您可以看一下我们的这款多功能浴缸，您看，摁这个按钮可以开启它的热水器功能，这是一款电磁加热热水器，水电分离，非常安全，您可以感受一下水温，这边有一个调节开关；这款浴缸的第二个功能就是可以随意调节温度，在20℃~60℃之间自由选择，按钮在这儿；这还是一款节能环保的浴缸，具有超滤杀菌功能，浴缸里的水可以循环存储使用；此外，它还具有按摩的功能，可以让您忙碌一天的身体得到充分的放松。您可以自己操作一下，感受一下这些功能。"（让顾客自己通过操作感受产品）

方法技巧

对顾客进行触觉刺激的有效方法：

1. 让顾客摸一下、坐一下、躺一下，找找感觉；
2. 让顾客自己搬动一下家具，感受产品的重量、是否易于组合等；
3. 让顾客自己操作产品，体验产品的易用性。

举一反三

导购如何让顾客通过搬动家具来感受产品易于组合的特点？

1. _____
2. _____
3. _____

导购如何引导顾客通过亲自操作来感受产品？

1. _____
2. _____
3. _____

情景28
请顾客通过敲击听声音来判断材质

常见应对

1. 红木家具选购的要点就是"一看二听三敲",您听听声音吧。
   (让顾客听敲击的声音)
2. 我教给您一个听声辨材的小窍门吧!
   (教授顾客听声辨材的方法,让他们自己辨别产品的材质)
3. 一般来说,较好的材质在敲击时会发出"噌噌"的声音,您可以听听。
   (利用拟声词,让顾客感受产品的材质)

引导策略

听声辨材是指通过敲击产品所发出的声音来辨别产品的材质,这也是很多顾客常用的选购家具的重要技巧。利用听觉感受来展示产品是导购销售的有效手段之一,因为顾客是非常乐意通过听觉来感受产品的。

在介绍和展示产品的过程中,导购最好能够主动引导顾客通过敲击产品、听声音来判断材质的好坏,并可以教授顾客简单的辨材技巧,让顾客通过听声音来感受产品的优良品质。形象的声音比导购干巴巴的介绍更有趣,也更有用,既能充分展示产品的优越性,又能让顾客对产品留下深刻印象。

话术范例

话术范例一

导购："先生,一看您就是行家!没错,选购红木家具最重要的就是'一看二听三敲'。一般来说,较好的红木家具在用手敲击时会发出'噔噔'的悦耳音,您听听看,是不是这个声音?"

话术范例二

导购："小姐,好的水龙头应该是整体浇铸铜,敲击起来声音沉闷,如果声音很脆,则是不锈钢材料制成,质量要差一个档次。您敲敲我们品牌的这个水龙头听听,感觉一下声音沉不沉?"

话术范例三

导购："先生,选购瓷砖有一些诀窍,您可以从包装箱中任意取出一片瓷砖,看表面是否平整、完好,然后用其中一片砖去敲另一片,或用其他硬物去敲一下砖,如果砖的声音清脆、响亮,说明砖的质量好、瓷化程度高;如果声音异常,说明砖内有内裂或裂纹现象。您可以试验一下啊!"(通过小窍门来让顾客掌握听声辨材的技巧)

方法技巧

听声辨材的标准:

1. 瓷质产品:敲击时声音清脆且均匀,则质量好。

2. 木质产品:敲击时声音较沉闷,则质量好。

3. 复合板材产品:敲击板材各部位时清脆悦耳,则质量好;声音发闷,则可能发生了散胶问题;若不同部位声音有较大差异,则可能内部有空洞。

举一反三

导购如何主动邀请顾客"听声辨材"?

1. _____
2. _____
3. _____

导购如何利用听声辨材的方法来让顾客了解产品的优越性?

1. _____
2. _____
3. _____

情景29
采取FAB法讲述产品的特点、优点与利益

常见应对

1. 这款产品的特点是……，优点是……。
   （最简单易懂的FAB方法）
2. 我们使用的是亚光漆，可以有效保护您的眼睛。
   （介绍产品的利益点）
3. 我们使用的这种技术可以使床垫有效承载人体重力，令脊柱保持自然状态，确保您的睡眠安稳舒适。
   （典型的FAB法）

引导策略

顾客在选购家居建材产品时不仅仅要知道这款产品的材质、特点等基本情况，最重要的是产品能带给他们的利益点，以及是否能够解决他们的问题。如果产品能够满足顾客所需要的内在感觉，那么顾客是会愿意花钱去购买的。

因此，导购在介绍产品时不能对产品的所有特点进行流水账式的介绍，而是要有意识地从看得到摸得着的产品属性、属性带来的作用和优点，以及作用和优点能带给顾客的好处和利益这三方面入手，让顾客清楚地知道我们的产品可以解决他们的什么问题，能带给他们什么样的好处与利益。

话术范例

话术范例一

导购："小姐,我们这款床垫的最大特点就是床垫内部采用了袋装弹簧(F),这是设计师根据人体工程学的原理进行排列组合的,这样做的好处是每根弹簧都可以分别承受人体压力,同时有效杜绝了受压力产生的弹簧之间的摩擦(A)。这样一来,您躺在这张床垫上就可以使脊柱保持自然状态,让您睡得安稳,睡得香(B)。"(阐述FAB的顺序一般为F-A-B)

话术范例二

导购："先生,我们的家具采用的是进口蜂窝制板式纳米板材(F),这种材质比较硬(A),不容易变形,可以有效延长使用寿命(B)。"

话术范例三

导购："我们这种涂料的最大特点是亚光(F),这样做的好处就是即使灯光反射也不会过亮,不刺眼(A),可以有效保护您的眼睛不受刺激(B)。"

话术范例四

导购："我们的五金配件都是意大利进口的(F),拆合次数可达8万余次(A),使用寿命很长(B)。这种五金配件不但不易生锈,而且还特别美观(A),加上配饰,会显得您的家具特别时尚(B)。"

方法技巧

FAB销售法的含义:

F(Feature):产品的特性、特点,即"它是什么",一般为描述陈述性语言。

A(Advantage):产品的优点,即"它能做什么",介绍时要客观准确。

B（Benefit）：即能为顾客带来什么利益或好处。

FAB 法的使用：

1. 句型：这款产品具有……特点，具有……功能，所以能为您带来……利益或好处。

2. 语言描述：说到特性时，可以用"这是……""这种……有……"开始；谈到优点时，可以用"它……""可以……""这使得……"等短语开头；说到利益时，可以用"所以您可以……"。

☕ 举一反三

请利用 FAB 销售法介绍你目前销售的产品。

1. _____
2. _____
3. _____

使用 FAB 销售法要注意哪些问题？

1. _____
2. _____
3. _____

情景30
引导顾客辨别产品质量的好坏

➡ 常见应对

1. 您可能觉得我们这款电视柜有××问题吧?
   (导购主动提出异议,再用事先准备好的相关回答彻底消除顾客对产品质量的异议)
2. 我教您一种简单的检查产品质量的方法吧!
   (通过检查方法的介绍,可以有充足的证据来让顾客信服)
3. 我们的转椅使用的轮子是生产波音747飞机轮子的公司生产的。
   (借势介绍产品,使其对产品的质量深信不疑)

🧭 引导策略

家居建材产品的质量是顾客最关心的问题之一,家居建材产品买回家一般都要使用十几年,如果没有良好的质量,是难以得到顾客认可的。导购在介绍产品的质量时使用简单的陈述语气,是难以引起顾客的兴趣的。

为了引起顾客的兴趣,导购在介绍产品时需要使用一些有效的技巧,比如导购可以先主动提出一些关于产品质量的问题引起顾客的注意,然后再用预先设计好的答案解决这一疑问;导购也可以通过介绍一些已经被实践证明有效的质量鉴别方法来让顾客认可。总之,最重要的就是不要干巴巴地说我们的产品质量怎么怎么好,而要拿出证据来证明这一点。

话术范例

话术范例一

导购:"先生,我教您一种最简单的分辨强化复合地板好坏的方法吧,特别实用,也特别简单。您可以准备一颗钉子,然后向卖家要一块您看中的地板的料头,在上面使劲儿地划,然后再用手在划痕处擦几下,要是您看不到划痕这就证明这款地板的质量没得说!否则,您就得考虑考虑再买了。我给您找块料头,给您演示一遍,然后您再自己试试。"(传授简单实用的方法,并提议让其亲自验证来引起顾客兴趣)

话术范例二

导购:"先生,很多顾客都认为我们的衣柜门板比较薄,担心质量有问题,您是不是也这么觉得?"(提出问题,自曝其短,引起顾客的好奇和兴趣)

顾客:"是的,这么薄的门板容易坏。"

导购:"您这么说很有道理,我们做家具的肯定也懂得这个道理,但为什么我们还要这么做呢?这是因为这款衣柜的门板厚度设计是绝对科学合理的,从结构力学的角度讲,衣柜的柜身一定要结实耐用,您看我们的衣柜背条是不是都挺宽的?这种厚背板再加上多板层的设计就确保了我们衣柜的稳定耐用。而门板为什么这么薄呢?因为衣柜的门板并非结构受力部件,如果厚度超过15厘米,反而会因为过重引起门胶扭矩过大,影响使用安全和寿命,这种薄门板的设计反而更科学合理。相反,如果您在购买时遇到那些厚门板、薄柜身的衣柜,就一定要格外注意了。"(有理有据,会让顾客发出"果然是薄门板好啊"的感慨)

话术范例三

导购:"先生,我给您介绍一下,我们这款转椅的轮子,是德国××公司生产的。您知道这家公司吗?"(借势推销)

顾客："我没听说过。"

导购："没关系，那您肯定听说过波音747飞机吧？"

顾客："这个我当然知道。"

导购："这家公司就是波音747飞机轮子的制造商。您也知道飞机轮子的质量必须非常好，因为这直接影响到乘客和机组人员的生命安全，那么可想而知，这家公司生产制造的轮子的质量是绝对可以让人放心的，您说呢？"（利用顾客对飞机轮子质量的联想来对产品产生信任感）

方法技巧

自曝其短的技巧：

1. 主动交代产品可能让顾客产生怀疑的质量问题，堵住顾客的嘴；
2. 给出合理的解释，让顾客认可这一问题并非问题；
3. 渲染产品材料工艺的独特之处，强调卖点；
4. 突出产品带给顾客的好处与利益。

借势介绍产品的方法：

将自己所销售的家居建材产品与顾客所熟知的、社会公认的事物联系起来，使顾客有"此就是彼，彼就是此"的联想，从而对其质量等各方面深信不疑。这种方法利用顾客对大品牌的信赖，通过比较将这种信赖转移到自己所销售的产品上，从而抓住顾客心理，赢得他们的好感。

举一反三

导购如何自揭产品的短处，并让顾客认可产品的质量？

1. _____
2. _____
3. _____

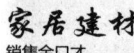

请利用借势销售法介绍你所销售的产品。

1. _____
2. _____
3. _____

情景31
引导顾客对比其他商品比较感受

常见应对

1. 根据您的需要,我给您推荐这两套产品,您可以亲身体验一下。
   (塑造两个最优方案让顾客选择)
2. 同样是实木家具,您可以看看这款书柜的把手,是用胶粘上去的,而我们的产品使用的是一整块实木。
   (同类实木家具对比,凸显产品的唯一性,体现产品的价值)
3. 曲木家具和实木家具相比,最大的特点就是流畅多变的造型。
   (引导顾客对比竞争对手的产品,感受产品价值)

引导策略

顾客在不同品牌、材质、档次的产品之间进行对比是常见的,尤其与竞争对手的产品作对比是很难避免的。竞争对手在产品的材质、风格、价格、目标顾客群上都和我们的产品十分相似,所以,在与竞争对手的对比中突出我们的产品优势是十分重要的。

导购在和顾客的交流中不要避讳谈及竞争对手,否则就会让顾客认为你心虚,进而产生对产品的不利联想,但是也要注意不能诋毁竞争对手。在和竞争对手产品的比较中,导购要注意重点突出人无我有、人有我优的特点。如果不是顾客主动提及竞争对手,导购最好引导顾客进行内部比较而尽量避免和竞争对手的产品对比。导购可以结合顾客的需求，向顾客重点推荐两个款式、系列的产品，帮助其比较，然后从中选出最合适的产品。

话术范例

话术范例一

导购："先生，刚才听了您说的，我觉得您比较喜欢实木家具。实木家具的最大优点就是自然环保、造型丰富、结实耐磨，这是板式家具远远比不上的，我推荐您看看我们这两款产品，都是我们今年新推出的款式……"（把顾客的目光聚焦到实木家具上，用我们的产品吸引顾客的注意，进行内部对比）

话术范例二

顾客："同样是实木家具，你们和A品牌有什么不同？"（顾客进行竞争品牌之间的对比）

导购："我们是国内生产家具规模最大的企业之一，是中国家具行业最具影响力的品牌之一。"（主要说我们的产品，避免诋毁竞争对手）

顾客："同样都是制造实木家具的企业，他们也不差啊！"

导购："您说得很对。不过，同样是生产实木家具，我们产品的工艺价值在于注重产品的细节设计。您可能没注意，很多品牌的实木家具的把手都是用胶粘上去的，而我们的产品用的是一整块木头手工雕刻出来的。您可以看看这雕花，这种技术是别家所没有的，这就是我们产品工艺价值的独特体现了。"（强调人无我有）

话术范例三

顾客："板式家具和实木家具有什么区别？"（顾客要求导购比较不同材质的产品，导购销售的是板式家具，当然要突出板式家具的优势）

导购："小姐，是这样的，板式家具的最大优点就是款式新颖、色彩鲜艳，这点是实木家具现在在技术上很难突破的一个问题。而且，板式

家具是现在家具市场的主流，现代感强，容易组合变换。您要是心血来潮想改变家里家具的位置，板式家具可以很轻松地移动，从而实现您这个要求，而实木家具就太重了。"

 方法技巧

竞争对手间的对比：

1. 当自己的产品与竞争对手相比优势不大时，可用田忌赛马的方法，将自己的优势与对手的劣势作对比；

2. 当自己的产品优势远远超出竞争对手时，可进行优优比较，把竞争对手的好处说给顾客听，强调人有我优；

3. 当自己的产品卖点对方没有时，强调此卖点的独特性，人无我有。

引导顾客进行内部对比：

1. 塑造两个最优方案让顾客选择，使其取舍两难，并放弃外部对比；

2. 帮助顾客淘汰其中一个方案，让顾客觉得是自己做出的选择；

3. 赞赏顾客的选择；

4. 抓住机遇成交。

举一反三

导购如何通过对比竞争对手的产品来突出自己的产品？请举例说明。

1. _____
2. _____
3. _____

导购如何通过内部产品对比引导顾客做出决定？

1. _____
2. _____
3. _____

情景32
运用顾客见证展示用户对产品的评价

常见应对

1. 中央电视台著名节目主持人李××在我们这里购买过家具。
   （用有知名度的顾客见证来让其他顾客相信产品价值）
2. 宝洁公司使用的办公家具都是我们品牌的。
   （用有名的企业见证来凸显我们产品的价值）
3. 您看这是买过我们产品的顾客的签名和留言，这是××。
   （利用书面见证）

引导策略

所谓顾客见证，就是利用已经成交的顾客购买产品的事实，来增加其他顾客的信心。事实证明，顾客见证的力量是巨大的。试想，如果导购告诉意欲购买的顾客××明星上个礼拜在我们这里买了一套书柜、××知名建筑使用了我们的建材，这比起导购枯燥的说服要有效得多。

利用顾客见证来刺激顾客十分简单，导购不用多说什么，只要告诉对方："先生，您真有眼光，上个月××市政府就在我们这里订购了100多个木门。"你想，作为形象代表的市政府都这么信赖我们的产品，其他顾客还会说什么呢？

话术范例

话术范例一

顾客："你们的地板和 A 品牌的差不多，要是不打折，我还是决定买 A 品牌的。"

导购："先生，您知不知道香港明星陈××啊？他在我们市的 S 花园新买了一套别墅，上个月装修时在我们这里选购了全屋的实木板材。"

顾客："是吗？是演过××的那个吧？"

导购："是的，就是他，您知道他为什么选择我们的产品吗？就是因为我们的产品品质好、档次高，他知道像我们这种大品牌的产品在选材和做工方面都是非常严格的，而且也只有我们这种大品牌的产品才符合他的身份和品位，更重要的是他十分信赖我们的产品和服务。您看，这是我们的销售记录。"（导购提到的见证顾客必须是有一定影响力的知名人士）

导购："怎么样，像您这么有品位的成功人士，肯定也会认可我们的产品的，我猜您和××会有相同的看法，是吧？"

话术范例二

导购："女士，您坐这只凳子时是不是觉得很舒服？"

顾客："还不错。"

导购："您可能不知道，××电视台化妆间配的全部都是我们的化妆凳，因为他们觉得我们的产品坐起来很舒服，演员演出前需要一段较长的化妆时间，如果使用的凳子不舒服，就会引起演员的不满，而我们的凳子很舒服，就算长时间坐着也不会感到疲劳。您坐下来试试就知道啦！"（利用知名的使用者，如饭店、电视台、图书馆等）

话术范例三

导购："先生，您还有什么不放心的呢？您看，这是本市税务局副局长、××派出所所长从我们这里购买产品后的留言和签名，我相信他们

说一句比我说一百句都管用。您可以看看这款产品的实际使用效果，我敢肯定您用了以后绝对会满意。"（书面见证）

方法技巧

利用顾客见证的技巧：

1. 把一些购买过产品的知名人物的名字记下来，如果可能，最好请他们进行简单评价，做成一个《顾客见证册》；

2. 准备一些相关的书面见证资料，如报纸报道、杂志评论等；

3. 对顾客说："您不相信我，一定会相信和您一样的顾客，对吧？"然后利用电话、留言等说服顾客；

4. 告诉顾客曾有许多高层成功人士购买过这种产品，一方面可以增强顾客对产品的信赖，另一方面也能使顾客产生一种高贵的满足感。

举一反三

请你列举几种利用顾客见证的方法。

1. _____
2. _____
3. _____

导购如何利用顾客见证来说服顾客？请举例说明。

1. _____
2. _____
3. _____

情景33
详细介绍产品的使用说明和建议

常见应对

1. 我们向您推荐这款家具的3种使用方法，如果您有兴趣，还可以继续开发它的其他使用方法。
（向顾客介绍使用方法）

2. 这是一款多功能的浴缸，我给您详细介绍一下这些功能吧？
（介绍多功能的家居建材产品）

3. 我们不建议您用水清洁这种壁纸。
（介绍产品的使用注意事项）

引导策略

顾客是消费者而非专业人士，他们对家居建材产品的使用注意事项、保养常识等可能不甚了解。因此导购在介绍产品时需要提醒他们注意这些问题，以免顾客因为操作不当造成产品损坏。事实证明，大部分产品故障都是顾客使用不当造成的。

详细介绍产品的使用说明和保养建议，不但可以体现导购服务的用心和细心，从而获得顾客的好感，还可以避免顾客操作不当造成产品的损坏。导购要提醒顾客在使用中可能出现的问题，比如操作不当造成的家具损坏；同时也要向顾客介绍多功能产品的各项功能的使用方法，确保顾客能充分发挥产品的最大功效。

话术范例

话术范例一

导购："小姐,您如果喜欢这款玻璃台面的茶几,有一个问题我必须提醒您,您最好准备一些杯垫、壶垫,以免因为茶壶或杯子过热而烫坏桌面。您可以用这种花布的杯垫,既美观又安全,而且价格实惠。"(提醒顾客使用中的注意事项)

话术范例二

导购："先生,虽然我们这款地板进行了防潮处理,但我还是建议您在使用中要尽量避免受潮,有水洒到地板上时最好及时处理,如果条件允许,最好每个月都给地板进行打蜡保养,这样能够有效延长地板的使用寿命。"(提醒顾客保养时的注意事项)

话术范例三

导购："先生,您现在看的这款自动晾衣架是我们的最新款式,是通过遥控器实现的全自动产品。我给您演示一下吧,请稍等。(拿出几件准备好的衣服)我们在衣架上挂好衣服,然后摁遥控器上的这个按钮,您看,它就自动升起来了,是不是很方便?来,您试试,摁这边这个按钮就可以下降了。(把遥控器交给顾客)我们这种自动晾衣架是全铝制的,使用的是现在最好的'太空铝',非常结实耐用,而且外观设计也非常好,就算不晾衣服,摆在您家的阳台上也是一个不错的装饰品啊。您说呢?"(为顾客演示产品,介绍使用说明)

方法技巧

产品使用说明和建议的内容:

1. 产品使用中的注意事项,如如何防止产品受潮、断裂等;
2. 产品保养的要点,如勤打蜡、保持室内干燥等;

3. 对操作烦琐的产品要演示如何操作，并提醒注意要点。

举一反三

在你的实际工作中，你如何向顾客强调产品使用时的注意事项？

1. _____
2. _____

你所销售的产品有哪些保养细节？

1. _____
2. _____

应对顾客拒绝实战情景训练

拒绝是成交的前奏,当顾客提出某种对产品的反对意见时,往往代表着他对您的产品感兴趣。如果导购能够一一化解顾客的异议点,真正了解顾客的需求,并想方设法提供解决办法,满足顾客的需求,那么成交就会变得轻而易举。顾客的拒绝并不可怕,可怕的是我们自己过早放弃。

情景34
我没听说过这个牌子

常见应对

1. 是吗？我们的牌子知名度挺高的。
   （暗示顾客无知，会让顾客感觉不舒服）
2. 我们在很多报纸上都有广告。
   （会让顾客认为因为是新牌子，所以才打很多广告）
3. 我们确实是新推出的品牌。
   （顾客往往对新品牌抱有怀疑的心态，认为它们可能质量不够稳定）

引导策略

顾客不了解品牌的情况是常有的，毕竟大部分顾客只有在准备装修时才会关注家居建材产品，他们所熟悉的品牌也大多是经常投放广告的品牌，所以，不了解你的品牌的情况会经常发生。这就给导购制造了一个难题，很多顾客常常会因为不了解你的品牌而放弃购买你的产品。

解决这一问题的有效方法就是向顾客介绍你的品牌，让他们了解这个牌子的历史、企业规模、文化、风格、产品特点、售后服务等一系列相关情况，让他们知道你们的品牌可以提供放心的产品和满意的服务。

话术范例

话术范例一

🗨 **导购：**"是吗，那真可惜，看样子我们的宣传做得还是不到位，不过幸好今天有机会向您介绍我们的品牌。我们的品牌已经有13年的历史了，是国内首批被认定为无毒害的室内装饰装修产品，是国家免检产品，获得过百安居B&A最佳服务奖、OBI欧倍德最佳服务奖等多项荣誉，是行业十大影响力品牌之一。我们的瓷砖产品是中央军委大楼、国家质检总局办公大楼、上海奥林匹克花园、天津大泛华国际中心、浙江世贸中心等众多知名建筑的首选产品。"（介绍品牌的历史、荣誉等，让顾客了解我们的产品是名牌产品，是可以让他们放心的）

话术范例二

🗨 **导购：**"哎呀，真是不好意思，这是我们的宣传工作还不到位。不过没关系，今天我向您介绍过我们的品牌后，相信一定能给您留下深刻的印象。我们的品牌创建于1997年，现在已经是国内壁纸行业的十佳品牌之一了。我们现在主推的这个××品牌，是我们和意大利著名壁纸厂商合作创建的，这个品牌旗下的所有产品的生产工艺、设计以及模具制造等都采用了欧洲产品的标准。××品牌的最大特点就是产品外观纹理精致、设计前卫时尚，深受许多像您这样的年轻人的喜爱。"（介绍品牌的特点和风格，让顾客认为这是一个不错的选择）

话术范例三

🗨 **导购：**"小姐可能平常对家居行业不怎么关注，我们品牌创建的时间其实不算短了，不过我们过去主要在长江以南地区销售，今年年初才开始进入北方市场，还得请您多关照、捧场啊，如果您觉得我们产品不错还请帮我们多宣传。我们品牌主打简单实用的现代主义风格，大多为板式家居，为您营造简约、时尚的家居环境。来，我给您介绍一下我们的产品吧，请跟我来……"（以品牌的主要"势力范围"作为出发点进行介绍，

让顾客了解此品牌虽然在本地是新品牌，但也是有多年的历史、可以放心购买的老牌子）

 **方法技巧**

回答顾客关于品牌的异议技巧：

1. 介绍品牌的历史、经历、企业规模等；
2. 介绍品牌所获得的荣誉、合作伙伴等；
3. 介绍品牌的产品风格、特点等；
4. 介绍品牌的主要销售地、目标客户群等；
5. 介绍品牌的生产流程、产销过程等；
6. 介绍品牌能给予顾客的特殊利益。

不要因为顾客说"没听说过"就表现出不屑，首先要把过错揽到自己身上，然后再向顾客有重点地介绍品牌的优势，对于品牌的核心价值要多次重复，确保顾客了解。

举一反三

请列举你们品牌所获得的十大荣誉或知名的合作伙伴。

1. _____
2. _____
3. _____

你销售的品牌风格是什么样的？产品的生产流程与其他品牌有什么不同？

1. _____
2. _____
3. _____

情景35
你们这款产品味道重，不环保

常见应对

1. 我们的产品是环保产品。
   （这无疑在质疑顾客"胡说八道"）
2. 我们这款产品是经过行业检验的环保产品。
   （忽视顾客的真正需求，他们想听的是你的产品是否会对自己的健康造成威胁，而不是经过什么检测的环保产品）
3. 您不知道，别的牌子比我们的味道还重，我们这已经算好的了。
   （随意诋毁竞争对手、拉同行一起下水的错误说法，会引起顾客的不满）

引导策略

顾客质疑产品的环保问题是家居建材导购经常遇到的问题，导购应该清楚，顾客其实不在乎这款产品是什么标准的环保产品，他们在乎的是你们提供的环保技术是否能保护他和他家人的身体健康。

因此，导购在回答顾客这样的问题时，不要只告知顾客自己的产品达到国家××环保标准、有检测证书，而是要向他们保证这种环保技术绝对可以让他们安心使用该款产品，是对他们健康最有力的保障。

话术范例

话术范例一

导购:"是的,先生,我非常理解您的这种顾虑,因为换我同样也会有这种担忧,毕竟家居产品是我们每天都要接触的,直接影响着我们的健康,实在大意不得。"(利用同理心缓和与顾客的对立关系)

导购:"先生,请您放心,虽然这款产品闻起来确实有您说的这个问题,但是我们的产品绝对是环保产品,我们的环保标准已经达到了 E0 级。"(抛出新概念,让顾客感受到你的专业)

顾客:"E0 级?"

导购:"是的,所谓 E0 级标准指的是板材在 60℃以上的高温环境中仍然没有有毒有害气体释放。我们的卧室房间一般的室温在 20℃~30℃,E1 级的环保标准就足够了,而我们这款产品使用的环保技术要远远高于 E1 级标准。您请看,这是我们的环保证书。"(有理有据,解释为什么不会影响顾客的健康,让顾客信服)

话术范例二

导购:"是这样的,先生,我们家居行业有'三分木材,七分油漆'的说法。不环保的产品大多采用的是劣质油漆,而我们这款产品的表面涂漆使用的是一种环保油漆,其中添加了××技术,这种做法的好处是可以把毒害物质控制在一个极低的标准内,通过这种方法制造出来的产品的甲醛含量只有××。您可能不知道吧,我们平常的饮用水甲醛含量是××,这样看来,我们的产品比水都安全,是不会对您和您家人的身体健康造成影响的。"(用顾客经常接触的事物来引起对比联想,让顾客信服该款产品的安全性能)

话术范例三

(前略,表达对顾客顾虑的认同)

导购:"先生,其实涂料产品完全没有毒害物质是不可能的,毕竟产品的自然属性摆在那,但是我们做到通过技术尽量将其控制在一个安全范围内。国家将这个范围定为××-××，只要产品的危害物质没超过这个数字就不会对人体产生危害，而我们的产品目前该种物质的含量是××，远远低于国家标准，是完全没问题的。"（列举国家标准，用切实的数据来说服顾客）

方法技巧

用"同理心"表达对顾客的顾虑感同身受：

1. 回答"是"、"对"、"就是"、"我也这么觉得……"来认同顾客；

2. 当顾客提起以前不愉快的经历时，最好以沉痛的心情表示理解；

3. 当顾客提出一些问题和顾虑时，要从朋友的角度给予其最真诚、合理的建议。

回答顾客关于环保问题的异议：

1. 介绍环保的行业分级标准，如 E0、E1、E2 级标准；

2. 介绍具体的环保标准，比如国家规定的含有甲醛的数量范围，而我们的产品的含量是安全的；

3. 对比生活中常见事物的某种物质含量，如自来水，让顾客相信我们的产品是安全的。

举一反三

如何利用"同理心"来获得对方的认同？请你举例说明。

1. _____

2. _____

3. _____

如果顾客认为你们的产品中甲醛含量超标了，你该如何解释？

1. _____

2. _____

3. _____

情景36
这款产品是个花架子，不实用

常见应对

1. 您觉得问题出在哪里？
   （询问顾客发出"不实用"感慨的原因）
2. 其实这正是我们特别设计的。
   （合理解释该问题的原因，消除顾客的疑虑）
3. 您是不是觉得这种玻璃台面不结实？
   （主动指出可能引起顾客质疑的问题）

引导策略

产品的外观设计如何是个见仁见智的问题，同一款产品有顾客爱不释手，也有顾客避之唯恐不及。顾客之所以会认为某款产品不实用，大部分原因就是该产品的某个设计不合他们的心意，令他们不满。

导购在解决顾客的这个异议时，首先要了解顾客为什么会有这种想法，然后要针对引起问题的原因进行说服。如果顾客认为某种设计不合理，就要告诉他们为什么这是合理的，并突出这种设计的合理之处，让他们认可并接受。

话术范例

话术范例一

导购："先生，我理解您的这种想法，确实也有一些顾客认为我们这款茶几是个花架子，不实用。您是不是也觉得这款茶几使用的这种玻璃材料不太结实？"（自己先说出顾客的不满）

顾客："没错，这要是放点热的东西还不得炸了啊！"

导购："先生，这点请您放心，我们这款茶几使用的是钢化玻璃，不怕划、不怕烫、不怕碎。您要不信，我给您试试（利用道具简单碰撞茶几面板），怎么样？我说的没错吧？再热的水您放在茶几上都没事，您觉得呢？"（用实例让顾客信服，打消他们的疑虑）

话术范例二

导购："大姐，我确实还是第一次听到有顾客这么说，能不能请教您一下，您为什么这么认为呢？"（了解顾客质疑的原因）

顾客："这种电视柜各方面都挺不错的，就是这柜子上面没安玻璃门，放点什么东西太容易磕了、碰了。"

导购："您看，我们这个电视柜是故意这样设计的，这个地方是用来放装饰品的，不安玻璃是为了更加透亮。"（解释这种设计的原因）

顾客："可是，没有玻璃保护的话，如果放瓶酒很容易碰碎了。"

导购："这个您可以放心，您看，我们特意把这个装饰空间设计得比较大、比较深，这样放进去的东西就不容易被碰掉了。再说了，您要是放点酒或饮料，没有玻璃您拿起来还方便呢！"（进一步打消顾客的疑虑，并突出这种设计的好处）

话术范例三

导购："先生，请问您觉得这款洗手盆哪不能让您满意呢？"（了解原因）

顾客："洗手盆就是洗手盆，还带什么下储藏柜啊，在厕所里放这种木质的东西多容易受潮啊。"

导购："原来是这样，这都怪我没跟您介绍清楚。我们这款带储藏柜的洗手盆采用的是××木，这种木材本来就生长在潮湿的南方，此外我们还特别进行了防水处理，表面有烤漆涂层，就是为了防止它受潮变形。其实，这种有下柜的洗手盆还是挺实用的，您可以在柜子里放一些清洁用品、浴巾什么的，能够让您家卫生间更整洁，也更方便整理。"（解释这种设计的合理性，并突出这种设计的好处——便于整理）

方法技巧

回答产品实用性的技巧：

1. 了解顾客为什么会提出这种问题；

2. 根据顾客提出异议的原因进行有针对性的回应，如解释产品该种设计的合理性；

3. 强调该产品的好处以及能够带给顾客的利益。

举一反三

请你列举顾客认为产品不实用的3种原因。

1. ___
2. ___
3. ___

如果顾客认为你推荐的产品不实用，你该如何回答？

1. ___
2. ___
3. ___

情景37
这款产品不错,但感觉不够结实

常见应对

1. 我们的产品绝对不会出现您说的问题。
   (过于自信的回答,会让顾客认为缺乏客观性)
2. 结不结实就要看您怎么用了。
   (这就等于说"如果不结实,也是您使用造成的")
3. 我们使用了××技术,可以有效避免损坏。
   (客观真实地回答顾客的问题,容易让顾客信服)

引导策略

顾客担心一款产品的质量出问题是很正常的,顾客和导购的立场不同,他们需要考虑更多实际使用中的问题,而导购主要考虑如何把东西卖出去。

导购在处理类似问题时,最关键的就是要客观。千万不要草率做出绝对肯定或否定的回答,而要有理有据,解释这一问题可能发生的结果,以及为什么会出现这样的结果。既要给足顾客信心,又不要让他觉得你没底气。

话术范例

话术范例一

导购: "先生,我很理解您的担忧,毕竟家居是天天都要用的,如

果不结实，用不了几天就坏的话，真是一件很麻烦的事。不过您放心，我们的沙发使用的都是最好的材料，在质量上是绝对有保证的。"

顾客："怎么保证？"

导购："先生，您看，（引导顾客看沙发的框架、弹簧、海绵等材料）我们这款沙发用的是低碳钢管材制造的框架，我们对外露部分的框架表面使用静电喷塑涂层进行装饰，对内置的金属框架也进行了表面防锈喷漆处理，不易腐蚀。这种钢管材的好处就是承载能力强，通过了不同情况的破坏性受力测试。您可以试试，就算是小孩子在上面使劲蹦也没问题。"（让顾客用两手将沙发前后左右用力反复摇一摇、晃一晃、站在上面踩一踩，来测验框架的牢固性）

顾客："是挺结实的。"

导购："而且我们使用的支撑沙发的弹簧是蛇形弹簧，这种弹簧是由70号碳素弹簧钢丝制成的；沙发底座使用的是直径大于3毫米的钢丝，非常坚固；在沙发底座或框架结构跨度较大的地方，我们还使用了橡胶绷带固定。"（对产品的各个组成部件一一介绍，用事实让顾客信服）

顾客："哦。"

导购："您再看看我们使用的海绵，这种黄高弹海绵是现在中高档沙发最常用的坐垫用绵，它的特点是密度高、回弹力及回弹强度好、承压力强、不易变形，这种海绵的沙发一般用个十年八年是没有问题的。"（让顾客用手按沙发的扶手及靠背，看是否能明显感觉到骨架存在；让顾客身体呈自由落体式坐在沙发上，检查沙发的回弹力）

顾客："回弹力是不错。"

导购："还有，为了提高沙发的耐用性，我们的表面材料使用的是棉织品，手感好，柔软性佳，也十分耐磨，成本又低，是十分经济实惠的选择。（让顾客摸面料，感受触感）同时，为了延长它的使用寿命，提高它的耐用性，我们还使用PU来铺底，防止灰尘或其他腐蚀性物质进入沙发内部。"

导购："先生，我们的沙发无论从用料还是工艺上来说都是足够结实的，更可贵的是它的外形还十分漂亮。我敢跟您保证，这样的沙发买回去用个十年八年是绝对没有问题的。"

话术范例二

导购："先生，我明白您的顾虑，毕竟书是很沉的，如果书柜内隔板的强度不够，就很容易被压弯。不过，我们的产品您绝对可以放心，这款书柜在结构上就是一个创新，打破了常规的矩形结构设计，形成了特殊的四边形和三角形结构。您也知道，三角形结构是稳定性最好的，这种结构设计解决了矩形结构处理中对角拉力这个难点问题，也更富于视觉变化。书柜中的横隔板使用的也是加厚的板材，厚度超过了25毫米，有效提高了横隔板的承托力，防止横隔板因为日久天长的压迫而变形。您比较一下这款书柜和旁边那款书柜的横隔板就能发现区别了。"

话术范例三

导购："先生，我理解您的担忧，不过我要告诉您的是，地板结不结实跟产品的加工工艺和家里的使用环境、使用方式都是密切相关的，比如您家里的湿度、地板的铺装方式都对地板的耐用度有影响。但是，我们品牌的地板采用了××工艺，铺装时使用了××方式，可以有效避免类似问题的发生。而且您放心，就算万一真出现了地板变形、翘起，我们也会负责的，我们会派专门的维修人员帮助您修理更换。"

 方法技巧

答复顾客关于产品质量、耐用性问题的话术：

1. 客观地回答顾客的问题，如"该款产品的耐用是否和……有关"；
2. 要告诉顾客我们的产品使用什么样的技术有效避免了该问题的发生；
3. 最后给予顾客信心，告诉顾客万一这种情况出现，我们会采取什么措施来确保顾客的正常使用。

举一反三

你如何回答顾客关于某款家居是否会变形的质疑?

1. _____
2. _____
3. _____

如果顾客提出你推荐的产品不够结实,该如何回答?

1. _____
2. _____
3. _____

情景38
这款产品坐上去挺硬的,不舒服

常见应对

1. 这是为了提高这款产品的舒适性,我们特别进行了加厚处理。
   (强调使用的特殊技术可以有效解决顾客的问题)
2. 其实沙发和床并不是越软越好。
   (提出新观点,纠正顾客的错误观念)
3. 我们的产品是符合人体结构力学的设计的。
   (用科学的设计来消除顾客的异议)

引导策略

顾客的舒适性异议主要是针对床、沙发这类家具提出的,现代人讲究生活质量,在一天的劳累工作后,他们希望回到家中可以坐在松软舒适的沙发上,躺在柔软的床上入梦,舒适性可以说是这类家具的最大卖点。

导购在处理这类异议时应该注意,顾客认为的"越软越好"的观点实际上是错误的,家居产品的舒适与否并不完全取决于软硬度,还包括产品的结构、弹簧(沙发、床)、高度、弧度等,以及是否符合人体结构力。导购要告诉顾客的就是我们的产品虽然不是最软的,但是最符合人体结构力学的设计原理,对他们的健康是最有利的。

 **话术范例**

话术范例一

导购:"先生,我们每天至少有1/3的时间要在床上度过,选择一张让自己感觉舒服的床十分重要,一张好床真的能改变我们的生活状态和品质。先生,您知道什么样的床才是真正健康舒适的吗?"(提出问题,引起顾客的注意)

顾客:"我觉得越软越好吧。"

导购:"没错,可能很多人都和您的看法相同。但是科学研究证明,过软和过硬的床垫都对人体的健康不利,其实最好的床垫应该是高弹性的。"(给出问题的解答)

顾客:"高弹性?"

导购:"对,简单地说就是当施加在这种床垫上的力越大时,它的支持力就越大。因为我们的身体脊椎是呈浅 S 形的,躺下时需要有适当硬度的支撑物,一般的床垫因为不具备这种弹性,无法让腰部和背部均匀受力,而这种高弹性床垫则可以让您的颈部、背部、腰部得到每一根弹簧的均匀的支撑力,保证您的睡眠质量,特别舒服。"(解释这种床垫为什么是最科学的设计)

顾客:"那我怎么选这种高弹性床垫啊?"

导购:"过硬或是过软的床垫都不是最佳选择,为了帮顾客找到最舒适的床垫,我们制作了一份身高、体重与床垫软硬的对照表,您可以参照它进行选择,请您看一下。"

顾客:"我有175厘米,差不多80千克,看看应该选择哪种?"

导购:"(帮顾客寻找对应的数据)这个硬度刚好,您可以躺上去感受一下。"

话术范例二

导购:"先生,您一看就是懂家居的,一些顾客在选床时过分重视床的风格材质,却恰恰忽略了床最重要的一环——舒适度,您跟他们就不一样。那您肯定知道,床的舒适度主要取决于床底架的结构。"(赞美顾客,提出决定舒适度的是床底架结构这一论断)

顾客:"嗯,对的。"

导购:"现在比较常见的床底架结构主要有这么几种:整块的床板、有缝隙的板条床板、软床板、钢丝或是棕绳织造的床板等。但您现在看的这款床的底架和这些都不一样,它采用的是弧形多层胶合板结构,也就是我们常说的'排骨架'。为什么要用这种结构呢?这样做的好处是当您躺下去时,人体的压力可以经过床垫和'排骨架'的二次分解,使您的身体曲线能更好地与床垫吻合,非常舒适。现在这种'排骨架'是最流行的床底架结构了,您看,这每一根'排骨'都可以承受一个标准身形的成人的体重,最重要的是它富于弹性,可以起到对床垫的弹性调节作用,如果再配套使用高弹性床垫,一定会让您得到舒服的睡眠享受的。您自己躺上去试试,就知道我说的没错了。"(合理解释这一论断,有理有据,让顾客信服)

话术范例三

导购:"先生,您给小孩子购买学习用的桌椅,我认为您主要考虑的不应是座椅的软硬度,而是高度、椅背的弧度是否科学,要知道高矮不合适的桌椅会造成小孩不良坐姿,甚至压迫骨骼生长,给孩子造成终生的不良影响。"(提出问题,放大顾客的痛苦)

顾客:"没这么夸张吧?"

导购:"先生,这可不是我在危言耸听。您看这篇报道,专家都说了,小孩子如果使用了不合适的桌椅、养成了不良的坐姿习惯,会产生很多不良影响呢!"(将报纸递给顾客,强化他们对不合适的桌椅的恐惧,成功转移顾客注意力)

导购:"所以说给孩子选购桌椅时,最好还是选择专门的学习桌,这样才能更好地保护他们的健康。我们的这种学习桌和普通桌椅相比有三个特点:第一是桌面下倾,这样孩子即使想趴着看书,也趴不下去了,可

以有效地预防孩子近视、驼背;第二,桌面上挖了一个略大于孩子腰宽的缺口,这样在这种桌子前看书的孩子可以将整个身体陷进书桌,自然就能保持挺胸抬头的良好坐姿,也减轻了他们腰部的压力;第三就是可调节高度,小孩子长得快,这样一来桌椅就能始终和他们的身高保持一致。您要是嫌座椅硬的话,也可以给孩子垫上软一点的垫子,让他们更舒服一点。"(强调我们的产品对解决顾客痛苦的办法,弱化他们对前一问题的关注)

 方法技巧

关于舒适性的说明技巧:

1. 床具:可以从床底架、床垫的角度来强调这种曲线设计更符合人体科学,而不是越软越舒服;

2. 桌椅:强调符合人体结构力学的设计,可以调节高度、弧度,即使长期使用也不会感觉疲劳;

3. 沙发类产品:最好的方法就是请顾客亲身体验,并不断询问他们的喜好,根据喜好推荐产品。

让顾客"又痛苦又快乐"的说服技巧:

1. 关注顾客的痛苦,如"高度不合适的桌椅会影响孩子的健康,甚至压迫骨骼生长。"

2. 加大顾客的快乐,如"您想象一下,使用了这种'排骨架'的床架,床架可以和您的身体曲线更好地贴合,这是不是很舒服呢?如果再搭配一张高弹性床垫,那就更舒服了。"

举一反三

如果顾客认为你推荐的产品不舒服,你该如何说服他?

1. _____

2. _____

3. _____

如果顾客认为你介绍的产品过硬、不舒服,你如何让他改变看法?

1. _____
2. _____
3. _____

情景39
这种材料是不错,但打理起来太费劲

常见应对

1. 我们可以提供这种面板的专用清洁剂,清洁起来很方便的。
   (提出专用产品,可以有效解决顾客的这一问题)
2. 我们使用了××技术,可以有效解决这一问题。
   (特殊的技术,可以有效解决顾客的这一问题)
3. 如果您按照我们教您的方法打理,其实是很方便的。
   (特殊的打理方法,也可以有效解决该问题)

引导策略

家居是否易于打理也是现代人关注的一个重点。毕竟现代人生活节奏加快,他们喜欢简单地生活,而不愿意花大量的时间整理家务。所以简单易打理的家居产品就成了不错的选择,越来越多的人希望使用那些无须花精力打理仍能保持光泽整洁的产品。

导购在解决顾客的这一异议时,可以告诉顾客产品使用了××技术,可以有效解决这种材质难打理的问题,解除他们的后顾之忧;也可以告诉他们我们有专用的清洁工具,使用时只要轻轻一喷就可以让家居光洁如新。

 **话术范例**

话术范例一

导购："先生，您真是行家，我们这款橱柜面板使用了烤漆技术，确实是目前档次较高的面板。使用这种方法制造的家居色彩鲜艳，具有很强的视觉冲击效果，美观时尚，而且防水、抗污，易清理，有了污渍用清水或是用点去污剂一擦就掉，怎么会不易打理呢？"（强调产品的优点）

顾客："我听人说烤漆怕磕、怕划，特别娇气。"（顾客说出问题的原因）

导购："哦，是这样，确实，烤漆是有您说的这个问题。不过因为我们这款橱柜的烤漆表面经过了六次喷烤进口漆高温烤制而成，整个过程经过了'三底、二面、一光'的严格程序，相对来说不太容易划伤。"（解释使用了特殊技术，可以有效避免这一问题的发生）

话术范例二

导购："先生，我很理解您的这种想法，不过很多时候我们认为不易打理，大多都是因为我们没有掌握正确的打理方法。您放心，关于这点我们已经替您想到了，我们会随货赠送给您一本使用指南，上面详细介绍了使用和打理的方法，内容挺实用的。只要您按照上面的方法操作，您就会发现打理家居也是一件轻松有趣的事情呢！"（教会顾客打理、使用、保养的方法）

话术范例三

导购："先生，我理解您的顾虑，厨房比较容易积污垢，您肯定想选择好打理的瓷砖。"

顾客："是啊，我听人说这种仿古砖不好打理，还是玻化砖好。"

导购："先生，我得告诉您，实际情况正好相反，相比仿古砖，玻化砖才更不好打理。您以前可能没使用过玻化砖吧？（顾客点头）其实玻

化砖有一个特性,它的渗透性特强,如果不小心将墨水或是油污滴在上面,而您如果没有及时处理,等它渗进砖内层就无法彻底清除了。"(纠正顾客错误的观点)

顾客:"啊?还有这种说法?"

导购:"是的,我们可以做个试验看看。这是一块玻化砖,我们在上面滴一滴墨水,(进行操作,几分钟后)您看,现在这滴墨水已经完全渗进砖里了,就算我们用清洁剂擦也没办法擦掉了。来,您自己试试。"(用事实让顾客信服)

顾客:"真的啊,真是擦不掉。"

导购:"仿古砖跟玻化砖正好相反。确实,它的纹理感比较重,而表面凹凸感太强的话,就容易藏污,但如果我们选择表面比较平整的产品就可以有效避免这个问题。最重要的是这种瓷砖是不会渗透的,不会因为不小心滴上污渍就变成了麻脸,不管是积攒了多久的污渍,用上一点清洁剂就能很容易擦掉。您可以试试。"(用事实让顾客信服)

方法技巧

处理顾客关于产品难打理问题的技巧:

1. 产品使用特殊的工艺,有效解决了该问题;
2. 教会顾客简单易用的打理、使用方法;
3. 赠送顾客专门的打理工具,如清洁剂等;
4. 利用顾客见证,可以主动打电话给曾经购买过该款产品的顾客,让顾客信服。

举一反三

如果顾客认为你的产品不好打理,你该如何回答他?

1. _____
2. _____

3. _____

顾客认为你推荐的产品不如同类产品，你该如何让他接受你的推荐？

1. _____
2. _____
3. _____

情景40
这种沙发不经用,两三年就得换,太不划算了

常见应对

1. 我们这款沙发的框架进行了××技术处理,可以提高牢固性。
   (特殊技术延长框架的使用寿命)
2. 我们的海绵使用的是××,能增加回弹次数。
   (从海绵的特殊技术角度来回答顾客问题)
3. 我们的弹簧是××。
   (从弹簧的质量角度来消除顾客的异议)

引导策略

沙发是家庭中的大件耐用品,在日常生活中的使用频率很高。如果沙发用不了两三年就得更换,不论从哪方面来看都不是一件划算的事。所以顾客在选购沙发产品时,往往会对它的品质十分敏感,尽量挑选那些既舒适美观又经久耐用的产品。

面对顾客提出的这类质疑,导购可以从以下几方面进行说服:一是沙发框架结构的牢固性;二是填充海绵的质量和松软度;三是沙发表面覆盖的面料是否结实耐用;四是弹簧的弹性和回弹次数。

话术范例

话术范例一

导购："先生,我不明白您为什么会这么想,您是觉得我们的产品质量有问题吗?"(了解顾客的具体异议内容)

顾客："我觉得你们这种沙发框架不经用,时间长了就会断裂。"

导购："啊?请您放心,这个问题是绝对不会发生的。我们这种框架采用的是无槽朽、无虫蛀、无疤痕、不带树皮或毛刺的东北硬杂木制作而成,绝对不会出现您说的这种情况。而且相比一般用于制作沙发框架的胶合板,我们使用的这种××框架绝对更结实、更耐用,使用10年以上都绝对没问题。"(用正面、直接的方法提供证据,回答顾客关于框架不结实、不耐用的疑问)

话术范例二

导购："先生,我不太明白您的意思,能请教一下您吗?您觉得这款沙发哪里有问题呢?"

顾客："你们的沙发坐垫太软了,用久了会塌的。"

导购："哦,原来您是担心这个,这都怪我没跟您解释清楚。其实沙发坐垫用的海绵分为高泡、中泡、低泡三种,一般来说高泡的海绵比较好,柔软有弹性,回弹还快。我们这款沙发采用的就是这种高泡海绵,而且为了保持沙发的长久使用,还添加了羽绒成分,能保持坐垫长久的弹性,至少能用5年。如果您保养得当,用个十年八年也不成问题。"(强调我们使用的是耐用性更好的高泡海绵)

话术范例三

导购："先生,我不太明白您的意思,您能说得再具体点吗?您的意思是我们这款沙发有什么问题吗?"

顾客："我觉得这种布艺沙发不经用,时间久了,布会磨坏的。"

导购:"哦,原来您担心的是这个问题。其实您大可不必担心这点,布艺沙发比起真皮沙发其实更经用,相比起来,真皮沙发容易受到气候的影响,而布艺沙发完全不用担忧环境气候,它的适应性更好。而且我们这款沙发采用的是较厚的绒质面料,不易起球,我们在布套里还垫有一层棉布内衬,就是为了保持沙发套的经久耐用。另外,这种沙发套是可拆换的,如果脏了或是坏了,或者您不喜欢了,只要更换一个沙发套就跟全新的一样了。您觉得呢?"(强调布艺沙发面料易洗、易更换)

方法技巧

关于产品是否经久耐用问题的回答技巧:

1. 强调产品的结构合理,经久耐用;
2. 强调产品使用的材料,如沙发的海绵、家居的木材等结实耐用;
3. 强调产品的制造工艺先进,能保证产品的长时间使用。

举一反三

请从3个方面说明你销售的产品是否经久耐用。

1. _____
2. _____
3. _____

如果顾客认为你介绍的产品不经用,你该如何让他改变观点?

1. _____
2. _____
3. _____

情景41
这款产品颜色太艳丽，与我家的装修风格不协调

常见应对

1. 颜色艳丽显得多漂亮啊！看着就有精神。
   （只是强调了颜色艳丽的好处，并没有解决顾客的问题）
2. 那您再看看别的颜色吧，这款产品颜色挺多的。
   （导购过于被动，会让顾客认为导购根本没有站在自己的角度考虑问题，从而对你产生怀疑）
3. 这是我们卖得最好的颜色了。
   （导购没有针对顾客的异议进行处理，答非所问）

引导策略

　　导购在选购家居时倾向于选择和装修相搭配的产品，包括家居和装修的风格，家居产品和房间的颜色、光线，家居和家居之间的协调、搭配等。很少有人会购买一款和家中已有的其他家居格格不入的产品。

　　因此，导购在处理顾客提出的这个问题时，首先应该通过询问来了解顾客的家庭装修风格，然后再为顾客推荐合适的产品。导购需要了解的内容包括顾客的装修风格、整体颜色、现有的家居款式、颜色等。

 话术范例

话术范例一

导购："先生,请问您家客厅装修风格是怎样的?"(了解顾客的家居环境)

顾客："我家的整体装修风格是比较暗的深褐色现代风格,这款沙发的颜色太白了,和我家房间的颜色不协调。"

导购："哦,是这样,那您家客厅的采光怎么样?"(进一步了解采光等其他细节)

顾客："采光挺不错的。"

导购："那这样的话其实也没问题,因为您家的客厅采光好,这种纯白色的沙发和您家里深褐色的装修正好形成强烈的反差对比,更能突出简约现代风格的大气。不过唯一的缺点可能就是白色的产品比较容易脏。"(用其他无关紧要的问题来分散顾客的注意力)

顾客："是吗?那倒不怕,只要平常注意打理就没问题了。"

话术范例二

顾客认为地板的颜色太浅了。

导购："先生,您能告诉我您准备为卧室配备什么颜色的家居吗?"

顾客："我比较喜欢深色的家居,所以地板也准备用颜色深一点的。"

导购："原来是这样,我明白您的想法了。地板和家居的色彩搭配是非常重要的,而且地板属于耐用消费品,很难随意更换,所以选择喜欢的颜色十分重要。一般从色调上来看,浅色的家居和任意深浅的地板颜色搭配都比较协调,如果您的家居颜色较浅的话,颜色中性一点的地板都可以与之搭配;但您的家居颜色要是较深的话,那我建议您最好还是选择浅颜色的地板。"

👤顾客："为什么？深色地板配深色家居才协调啊。"

👤导购："一般来说，深色家居配深色的地板会让人觉得很沉闷，容易产生压抑感，时间长了会让人觉得不舒服。而深浅色的协调搭配，会在视觉上有一个渐进的过渡，感觉更舒服。"

话术范例三

顾客虽然觉得颜色不错，但觉得和自己家庭的风格不相符。

👤导购："这样好了，小姐，您既然觉得这款颜色不错，那就先把这款沙发搬回家试试，看看摆在您家客厅里是否合适，在展厅，因为灯光、环境等因素没办法看出效果，但搬回去和您房间里的摆设布局搭配，效果就出来了。如果您觉得不行，我再帮您更换其他颜色的。您觉得怎么样？"（主动提出如果顾客不满意再帮他更换其他颜色，这样一来可以锁定顾客，让他们在我们的产品中进行选择；二来如果不是太看不过眼，大部分顾客不会要求更换已经购买的产品）

方法技巧

处理顾客关于家居建材颜色异议的技巧：

1. 了解顾客的整体家居装修风格，如使用的地板、涂料（墙纸）、其他家居、电器的颜色等，之后进行有针对性的推介；

2. 解释这种颜色的好处，如增强对比反差、有助于集中注意力、视觉过渡等；

3. 主动提出如果顾客不满意，可以帮助他们更换颜色，让他们安心；

4. 强化顾客的信心，让他们坚信这种家居是最适合他们的。

举一反三

如果顾客认为你推荐的家居颜色过于艳丽了，你如何让他们改变看法？

1. _____

2. _____

3. _____

如果顾客认为你介绍的产品颜色和他家里的整体装修风格不符，你如何说服他？

1. _____
2. _____
3. _____

情景42
你们的产品太普通，比不上 A 品牌的

常见应对

1. 我们和 A 品牌差不了多少。
   （这种反驳十分苍白，没有说服力）
2. 公司正在改进设计。
   （等于间接承认顾客的说法，让自己处于被动）
3. 其实我们比 A 品牌更好。
   （这种急于否定对手的回答会适得其反）

引导策略

顾客将产品和竞争对手的进行比较，这是很常见的情况。通常，顾客提出的比较对象和我们的产品拥有同样的材质和风格，具有很大的类似性；在价格上双方也属于同一档次；目标消费者也是同一类人群，至少同时具备这三点的品牌才是我们的竞争对手。而不同风格或是不同材质，或者价格差异很大的品牌之间是不构成直接竞争关系的。

导购在处理和竞争对手的比较时，不要避讳双方之间的比较，因为这说明顾客的目标已经基本确定，在相对较小的范围内进行选择。导购在比较时要主动突出自己的优势，真诚地帮顾客分析比较，以理服人，以情动人。

 话术范例

话术范例一

导购: "先生,您的眼光真好,非常注重品牌,他们确实是行业中的翘楚,您能给我说说您主要看中他们的哪些方面呢?"(不要说"A品牌",要说"他们",这是为了避免强化对手)

顾客: "他们的质量、款式都比你们的好。"

导购: "嗯,您的意见对我们很重要,非常感谢您的意见。"(感谢顾客的意见)

顾客: "我随便说说的,您别在意。"

导购: "不,我真的很重视您的意见。听您这么说,看来是我们没有把品牌宣传工作做好,要不就是我们的服务工作没做好,请您多谅解。"(用诚恳的态度让顾客感动)

顾客: "不,不,我不是这个意思,其实你们的品牌也挺不错的。"(顾客往往会因为觉得不好意思,改口我们的品牌也不错,不管他是怎么想的,这就等于让他站到了我们这边)

导购: "谢谢您的夸奖(微笑,要让顾客感受到您是因为他的赞美而真心地感到高兴,让他们有一种自己是上帝的感受),我一定要给您好好介绍一下我们的产品,我们是……"(介绍品牌特点、规模、风格、历史等)

话术范例二

导购: "先生,多谢您的宝贵意见!我们是全国销量最大的儿童家居品牌之一,不仅生产彩色儿童家居,同时也生产其他风格的儿童家居,比如北欧简约风格、美式田园风格等,我们在儿童市场的专业程度是其他企业所不能比拟的,完全值得您的信赖,对吧?"

顾客: "嗯,还行。"

导购："目前我们在全国有数百家专卖店，每天的销量超过500套，至少有10万个幸福家庭享受着我们的产品带给他们的服务。先生，您的意见提得非常及时，这让我们看到了自己的不足，好酒也怕巷子深，今后我们一定要加强广告宣传工作。"（首先感谢顾客的意见，然后重点强调我们品牌的优势、地位，对顾客进行催眠，在这个过程中最好不要提及A品牌，以免强化A品牌对他们的影响）

方法技巧

回答顾客关于竞争对手比较问题的技巧：

1. 不要过多涉及竞争对手，以免强化他们在顾客心中的印象；
2. 重复强调我们品牌的优势，强化顾客的印象；
3. 态度要诚恳，要让顾客真心感受到自己是上帝；
4. 让他们心甘情愿地站到我们的一边。

举一反三

如果顾客认为你们产品的性价比不如A品牌，你该如何回应？

1. _____
2. _____
3. _____

如果顾客认为你们的产品比A品牌更贵，你该如何回答？

1. _____
2. _____
3. _____

情景43
这款产品太笨重了，搬动起来很不方便

常见应对

1. 我们的送货人员会为您送到家里并安装好，直到您满意为止。
   （消除顾客因为产品太重不方便搬运的异议）
2. 这正是传统东方风格的特点所在，含蓄、稳重。
   （从产品的风格入手）
3. 实木家居和板式家居相比确实有这个问题。
   （从产品的自然属性入手，说服顾客）

引导策略

　　产品过于笨重，搬动起来不方便，确实会给顾客在运输、安装、使用过程中带来一定的麻烦，顾客对此有担忧也是正常的。不同的产品具有不同的特性，这是人们不能改变的，例如，和板式家居相比，实木家居确实要厚重、沉得多，这是由实木产品的自然属性所决定的。

　　所以，在处理这类顾客异议时，导购应该为顾客分析不同产品具有的不同特点，然后重点强调对产品的需求是顾客选购时最重要的依据，比如顾客喜欢稳重结实、自然环保的家居风格，就不能选择具有现代简约风格的产品。

话术范例

话术范例一

导购："先生，我理解您的想法。不过在这个问题上，确实是鱼与熊掌不可得兼，既然您喜欢实木家居的自然环保、经久耐用的特点，就不得不接受实木家居相对大且重的事实。其实我倒觉得实木家居的这种厚重感，特别适合您这种有一定生活阅历的成功人士使用。"（解释这是木材本身的自然属性所致，强调只有厚重的实木家居才符合顾客的身份、经历）

话术范例二

导购："先生，我理解您的这种想法。可这也正是传统中式家居的精髓所在，含蓄、稳重、大气，这种传统经典款式到什么时候都不会过时的。如果把它做得像现代风格一样轻便、简约，反倒显得不伦不类了。"（强调这正是风格的精髓所在）

话术范例三

导购："先生，我理解您的这种想法。不过您可以放心，板式家居本身就是以轻便、易于搬动而著称的，而我们的产品又是现在最流行的SOHO风格，强调的就是产品自由组合的随意性，肯定不会出现这样的问题。您别看我们这款衣柜看起来很笨重，其实它是由几块××板组合而成的，如果您想要移动家居的摆放位置，只需要把它们拆下来，再在您选定好的位置重新组合就可以了。"（突出板式家居易于拆卸、组合的特点）

方法技巧

处理"家居过于笨重，不易搬动"的技巧：

1. 实木家居相比板式家居确实有此特点，但实木家居相比板式家居有更多其他优点，瑕不掩瑜；

2. 这种"笨重感"正是这种家居风格的精髓所在，否则，就会显得不伦不类；

3. 板式家居可随意拆卸、组合，便于搬动、转移。

举一反三

请举出回答顾客关于"实木家居太笨重，不易搬动"问题的 3 种方法。

1. _____
2. _____
3. _____

如果顾客认为你们的产品过沉，不易搬动，你如何说服他改变想法？

1. _____
2. _____
3. _____

情景44
我看到网上评价你们的产品质量不好

常见应对

1. ××质检局长上周还在我们这里购买了××。
   （运用有影响力的顾客见证的方法，但无凭无据）
2. 网上的评价可信度不高。
   （极力否认会让顾客认为你的产品质量确实值得商榷）
3. 我们的顾客购买我们的产品几年了，现在用得还非常好。
   （利用实际使用的实例让顾客信服）

引导策略

顾客从各方面了解的信息中必然有对我们产品不利的评价，当顾客提出这类问题时，如果导购极力否认，会让顾客不放心。因此在这种情况下，导购要镇定客观地回答顾客提出的问题，不要让消极的评价影响自己的态度。

在处理这种问题时，导购可以运用其他顾客的见证来增强顾客的信心，让他们感受到虽然有人说我们的产品不好，但也有更多的人认可我们的产品，这样就会有效增强顾客的信心，让他们放心购买我们的产品。

 话术范例

话术范例一

导购："先生,我理解您的这种心情。确实我们的产品没有让所有消费者都满意,这是我们的责任,但是我相信一定有很多顾客是喜欢我们的产品的。前两天,××工商局长还在我们这里挑选了建材产品,他跟我们说,他购买我们的产品就是因为看中了我们产品的高质量。您看,这张收货单上还有他的签名呢。"(运用权威顾客见证)

话术范例二

导购："先生,听您这么说我很难过。我一直以为我们的产品是被顾客喜欢的,没想到还是没能让全部顾客满意,这都是我们的工作没有做好,我们今后一定会努力。先生,网上有没有夸奖我们产品的?"(把顾客的焦点从说我们不好的顾客那里转移到夸我们好的那里)

顾客："不是要顾客说你们好,而是要你们为顾客服务好。"

导购："您说得很对,我听您的,我们一定会努力把产品的质量和服务提上去,让更多的顾客满意。其实,如果从顾客口碑上来讲,我们的产品还是非常受欢迎和认可的。公司的统计数字显示,我们有一半的新顾客都是由老顾客推荐而来的。您看,这是我们的老顾客给我们的留言;这是××家里的照片,他家里用的就是我们的壁纸;这是××的签名,他们学校2/3的老师装修时壁纸选的都是我们的产品……"(利用顾客的书面见证来让顾客信服,虽然有人说我们产品不好,但更多的人是认可我们的产品的)

 方法技巧

利用顾客见证回答顾客的质疑：

1. ××在我们这里购买了产品,他看重的就是我们的品质;

2. ××企业刚和我们签订了办公桌的订货合同,他们反映很好;

3. 现在中南海使用的沙发都是我们的产品,国家领导人都非常认可我们产品的品质。

☕ 举一反三

如果顾客说"网上说你们的产品卖得贵",你如何回答?

1. _____
2. _____
3. _____

如果顾客认为你们的产品性价比不高,你如何处理?

1. _____
2. _____
3. _____

情景45
我听小区的邻居说你们的售后服务不好

常见应对

1. 我们的售后服务是有保障的。
   （空口无凭，很难让顾客相信）
2. 您听谁说的，太不负责任了。
   （这是导购心虚的表现，会让顾客更加怀疑你们的产品品质）
3. 说我们好的也有很多。
   （这种回答缺乏证据，无法让顾客认可）

引导策略

售后服务是顾客选购产品时关注的焦点之一，因为售后服务的好坏直接影响到顾客的利益。回答顾客对于售后服务的异议十分重要，导购必须格外重视，很多时候，顾客会因为对售后服务不满意而放弃购买产品。

导购在处理顾客的售后服务异议时，可以列举具体的实例，让顾客相信我们的售后服务是完全让人放心的。你可以讲一个实例，以此证明我们会为顾客提供优质的售后保障，解除他们的后顾之忧。

 **话术范例**

话术范例一

导购："先生,前两天有一个顾客来了不到20分钟就向我们订购了3万元的建材,您知道他为什么想都不想就购买了我们的产品吗?"(举例子,提出问题,引起顾客的关注)

顾客："为什么?"

导购："他在5年前曾经购买过我们的建材,后来因为房子漏水地板被泡坏了,他抱着试试看的心态打电话给我们,问我们能否帮助他。虽然不是产品质量引起的问题,但因为当时还在质保期内,我们二话没说就为他重新更换了全套产品,这件事让他对我们公司非常认可。先生,像这位先生这样的老顾客我们还有很多,可见顾客对我们的品质和服务都是非常放心的。"(虽然没有直接回答顾客的疑问,但用具体的实例进行说服,会给顾客留下深刻的印象)

话术范例二

导购："先生,上个月,一位姓刘的顾客打电话给我们,说家里的衣柜不小心被撞掉了油漆,要求我们去维修。当时他给我们打电话的时间是下午1点多,不到3点,我们的售后服务人员就已经帮他处理好了这个问题。而且我们的维修工在修理时,发现他家里的卧室门也出了点问题需要修理,又花时间帮他把门也修好了,这让刘先生非常满意。"(用具体的售后服务案例回答顾客的疑问)

话术范例三

导购："先生,我非常高兴您能提出这样的问题,这也说明您对我们的产品有兴趣。其实您说的这个问题过去也有顾客提到过,对此公司特别重视,重新制定了售后服务制度,我给您简单介绍一下吧(介绍售后服务制度)。不知道我这样解释您满不满意?欢迎您提意见,帮助我们更好地改进服务。"(感谢顾客的意见,并详细介绍产品的售后服务)

方法技巧

用实例回答顾客的异议：

1. 用老顾客的再次光临证实我们的产品售后服务优秀，有力地反驳顾客的说法；
2. 利用老顾客的经历来说明我们的售后服务品质；
3. 具体解释我们关于售后服务的各项规定。

举一反三

如果顾客提出曾经听说过你们的产品质量不好，你该如何回答？

1. _____
2. _____
3. _____

如果顾客认为你们的产品售后服务不好，你该如何让他改变看法？

1. _____
2. _____
3. _____

情景46
现在春夏季节雨水多,不适合装修,过些时候再说吧

常见应对

1. 那您就随便看看吧……(转身就走,不再理会顾客)
   (这会让顾客觉得自己受冷落,是一种典型的短视行为)
2. 这个季节也有很多人装修的。
   (等于说顾客没见识,鸡蛋里挑骨头)
3. 这样啊,那等装修的时候您来找我吧,这是我的名片。
   (非常消极的行为,等于直接赶顾客离开)

引导策略

　　季节对装修的影响的确很大,大部分业主都会选择在春秋季节进行装修,因为冬季气温较低,容易造成涂料、水泥灰浆等装修材料冻结,从而影响装修质量;夏季则雨水较多,空气湿度较大,导致装修使用的木材干燥后容易变形,影响装修质量。

　　在解决顾客的这类异议时,导购应该指出,由于取暖设施和技术设备的改善,季节对装修的影响越来越小,在多雨的盛夏可以利用烘干设备,使潮湿的木材干燥;建材中新技术的运用,也可以使木材做到永不变形;而冬季,由于暖气的使用,更成了适宜装修的好季节。

 话术范例

话术范例一

导购："先生，您说得很有道理，确实夏天的雨水较多，空气湿度比较大，容易使木材受潮变形。不过，现在装修施工大多采用烘干设备来处理夏季受潮变形的木材，使木材可以保持干燥易用的状态，装修受气候的影响已经越来越小，甚至可以忽略不计了。所以，只要您选择的是技术过硬的可靠的装修公司，基本上可以不用担心这个问题。"（使用烘干设备，气候影响变小）

话术范例二

导购："先生，确实如您所说，装修受气候的影响较大，不过这已经是老皇历了，现在的建材厂商的技术改进已经可以有效避免气候对装修的影响了，比如我们的××系列，采用了最新的××技术，具有高效的防潮、防腐、防变形、防虫蛀技术，就算是多雨的夏季进行装修，也绝对不会出现因为木材受潮变形影响装修质量的问题。先生，请您稍等，我给您拿资料看一下。"（新技术的采用改变季节的影响）

话术范例三

导购："先生，确实如您所说，雨季装修会出现许多麻烦，但这往往是由于业主和施工方的不慎导致的，只要在装修时多留点神，在这个季节装修不仅不会有问题，反而能得到一些意外的收获。"

顾客："收获？"

导购："没错。首先，雨季属于装修淡季，这时公司的人力和精力相对要充沛一些，对施工质量的管理也会更细致、更严格，从设计、选材到施工都会高度重视，一般来说，服务和工程质量也都更好；其次，因为雨季装修比较容易出问题，大部分公司在施工时都会采取一些有效的防范措施，比如尽量让技术最好、最有经验的工人操作，工艺会更精细；第三，雨季装修离冬季供暖还有很长一段时间，装修中的问题会逐渐反映出

来,可以及时要求施工方改进,而秋季装修会因为采暖季节的到来而掩盖问题。其实,季节对装修的影响并没有过去我们想象的那样大,任何季节都可以进行装修。"

方法技巧

回答季节对装修影响的异议的技巧:

1. 新技术的应用,有效地防止了产品的受潮变形;
2. 新设备,如烘干机的使用有效提高了装修质量;
3. 列举反季节装修的好处,如雨季装修的有利之处。

举一反三

请你列举3种冬季装修的好处。

1. _____
2. _____
3. _____

如果顾客认为冬天太冷不适合装修,你如何说服他?

1. _____
2. _____
3. _____

情景47
这种风格已经过时了，现在都没人用了

常见应对

1. 现在很流行这种风格的。
   （这等于在说顾客没有鉴赏能力）
2. 不是吧，这种风格是现在卖得最好的。
   （相当于对顾客说："您审美真差劲，您才是最老土的！"暗示顾客没有品位）
3. 现在还有很多人用这种风格的家居。
   （这等于间接承认顾客的说法，风格确实已经过时了）

引导策略

家居产品的风格是一个十分主观的东西，可谓见仁见智，有人喜欢比较前卫的风格，有人喜欢比较保守的风格，很难有一种风格让所有顾客都感到满意。因此，有人提出这种"风格过时"的异议也就不足为奇了。

在处理顾客的这类异议时，导购首先应了解是什么原因导致顾客的这种看法，让他们把不满都说出来，然后再针对他们的质疑进行解释说明。如果顾客实在不喜欢，也可以向他推荐其他的产品。

话术范例

话术范例一

导购： "太太，十分感谢您坦率的评价，我能请教一下您为什么会这么认为吗？"（了解顾客不满的原因）

顾客： "感觉这种柜子的颜色特别土，现在城里人已经没有用的了。"

导购： "是这样的，太太，可能是我们展厅里的环境不好，光线比较暗，不能充分展示这款柜子的特点。我刚才听到您说您家里是××风格、以黑灰色为主色调的时候，我就觉得这款柜子特别适合您。为什么呢？因为这个颜色特别衬黑灰色装修风格。对了，我们有几个已经装修好的样板间图片，其中就有这款柜子搭配黑灰色装修风格的，效果特别好，您可以看看。"（解释出现这一问题的原因）

话术范例二

导购： "先生，这款沙发是我们今年的新款，有些顾客特别喜欢。不过萝卜白菜，各有所爱，您不喜欢它肯定有您的道理，您能给我说说吗？"

顾客： "这种3+2的组合形式已经没人用了。"

导购： "哦，我明白您的意思了。家居的流行潮流其实也和服装一样，是轮回的，总是新潮之后又复古，简约之后又烦琐。这种3+2组合的沙发前两年确实比较过时，但这两年它又重新走上了流行的舞台。不过它也不再是过去那种一成不变的3+2，而是通过混搭重新焕发了生机的组合。"

顾客： "混搭？"

导购： "是的，就是时尚界强调的混搭，通过不同风格的搭配来营造出层次和时髦感。过去3+2的沙发，不是统一颜色就是统一式样，特别单调。但是您看这款沙发，首先在造型上就突破了传统3+2的统一格局，

两个单一的沙发造型并不一样,这就在视觉上有了很大变化;其次就是色彩的变化,白色和彩色的搭配一下子就让整个造型亮起来了,看上去十分活泼、明快,特别适合您这种追求新鲜时尚的年轻人。"

话术范例三

导购:"先生,我们这款餐桌一直卖得不错,很多人都特别喜欢,能不能请教您一下为什么觉得它过时呢?"

顾客:"我觉得这种玻璃款式的餐桌已经过时了,没人用了。"

导购:"原来是这样,我明白您的意思了。我记得您说您家里的装修是现代风格吧?"

顾客:"嗯,对的。"

导购:"我之所以为您推荐这款玻璃餐桌也是基于这样的考虑,您看,这款餐桌采用的是全透明的钢化玻璃桌面,桌腿和椅子腿使用的都是金属支腿,这种金属色的使用能够很好地表现现代风格的时尚感觉,是十分契合您家里的装修风格的,这样一张桌子摆在您家的客厅是十分出众的。"

**方法技巧**

回答风格过时的问题的技巧:

1. 展厅的环境(光线、空间、布局)等无法表现产品的特色,请顾客看样板间的照片来了解产品;

2. 家居产品的风格是循环的,虽然产品和过去的款式类似,但由于采用了全新的搭配、色彩、设计而重新焕发了生机;

3. 家居产品的风格和顾客的装修风格相符,搭配十分和谐。

举一反三

如果顾客认为你们的产品设计过时了,你该如何回答?

1. _____

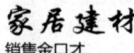

2. _____
3. _____

如果顾客认为你们品牌的产品风格过时了,你该如何让他接受?

1. _____
2. _____
3. _____

处理价格异议
实战情景训练

价格异议是成交的最后一道障碍,处理得当则皆大欢喜,处理不好则容易陷入僵局。生意是谈出来的,导购在处理顾客提出的价格异议时,除了向顾客充分塑造和展示产品的核心价值外,还要根据顾客对价格要求的松紧程度,以及顾客面对价格的态度,灵活调整解决顾客价格异议的办法,在保障门店利益的前提下,让顾客觉得物超所值。

情景48
这样的单价太贵了,还可以便宜多少

常见应对

1. 对不起,我们是不打折的。
   (过于生硬、难以被顾客接受的说法)
2. 这个价格不算贵的。
   (这种说法会让顾客觉得导购过于强势,会引起他们强烈的抵触)
3. 这已经是最低价了,不能再让了。
   (常用,但缺乏说服力)

引导策略

此时销售已经进入了导购和顾客的讨价还价阶段。价格是顾客非常重视的一个问题,仅次于产品的质量和款式。当顾客提出产品的价格过高时,这说明顾客已经基本认可了产品,如果在价格方面双方能达成一致的话,就有很大的成交可能。

在这种情况下,导购首先要了解,除了价格以外是否还有其他因素阻碍顾客购买,如果没有,导购就要重点塑造产品的品质和价值,并解释产品不打折的原因,让顾客认可产品的价值,认为产品是值得花大价钱购买的。

话术范例

话术范例一

导购："先生，我们的瓷砖款式、质量都非常不错，很多人都非常喜欢。您觉得价格太高了吗？除了价格以外您对我们的产品还有别的不满意的地方吗？"（等待顾客回答，了解顾客是否对产品有购买意向，并确认价格是否是阻碍销售的唯一因素）

顾客："就是价格太高了，其他都还不错。"

导购："先生，我想请问您一个问题，如果有一种瓷砖价格非常便宜，但是您却不喜欢，也不适合您家里的情况，您会不会购买？"（让顾客预见到痛苦的后果）

顾客："要是不适合，就是白送给我，我也不会要！"

导购："是的，我非常同意您的观点，所以我们买东西肯定还是要挑选最适合自己的产品。很多顾客只关注产品的价格，反而忽略了产品是否适合自己，可您跟他们不一样，真是让人佩服！"（让顾客自己说出产品品质重于价格）

话术范例二

导购："小姐，我想请教您一下，除了价格太贵外，您对这款衣柜还有什么别的意见吗？"

顾客："质量、款式我都挺满意的，就是您得给我打折，太贵了。"

导购："是这样的，小姐，按照我们店里的规定是没办法打折的，这也是为了您的利益着想。您想啊，如果我们的产品您买回去没几天就打折了，您肯定会觉得吃了亏。所以，为了保护顾客的利益，我们的产品从来都是明码标价，不打折的。"（解释不打折的原因）

顾客："从来不打折，我才不信呢！"

导购："您说我骗您干吗啊？不信您可以看看我们的销售记录，我

们的客户都是按照这个价格购买的。"（让顾客看销售记录）

顾客："还真是不打折，可是……"

导购："小姐，我想请教一下，您有没有不花钱买过东西？"

顾客："当然没有。"

导购："那您有没有因为省钱，买了东西以后回家就后悔的情况？"

顾客："每个人都有这样的经历吧？"

导购："那就对了，一分钱一分货，虽然我们没有办法给您最低的价格，但我们能给您最优质的产品和服务，您觉得对吗？"（强调一分钱一分货，我们可以提供最优质的产品和服务）

话术范例三

导购："先生，您肯定也看了不少产品，做了一些比较了，我们的价格虽然不是最低的，但却是实实在在的。您今天来到我们店里真是挺有缘的，您看这样成不成，要是您今天定下来的话，价格虽然没有办法再便宜了，但是我可以赠送您一套××，您刚结婚，肯定也需要这些的。您看怎么样？"（给足顾客面子，并将他们的关注点从价格转移到赠品上）

方法技巧

强调产品物有所值，坚持不打折：

1. 给顾客看销售记录，让他们相信店里从来不打折，并强调产品的品质最重要，而不是它的价格。

2. 强调产品的优秀品质和良好的服务，以产品的附加价值来代替给顾客打折。

3. 用送赠品的方法来让顾客接受产品不打折。

举一反三

导购如何让顾客接受产品不打折？

1. _____
2. _____
3. _____

在不打折的情况下，导购如何运用送赠品说服顾客埋单？

1. _____
2. _____
3. _____

情景49
同样的产品，B 品牌比你们便宜多了，而且还有赠品送

常见应对

1. 那您可以买 B 品牌的。
   （这是一种典型的驱赶顾客的说法）
2. 他们卖多少钱？
   （自乱阵脚的说法，会让顾客觉得导购不专业）
3. 价钱方面好商量。
   （显得底气不足，会让顾客觉得你的产品不值这个价钱）

引导策略

顾客之所以会提出这样的问题，一般出于下面三种情况：其一是因为吃惊，感叹产品的价格很高；其二是因为价格超出了他的承受能力；其三则是因为他看不出产品为什么值这个价格，在他看来这款产品根本不值这个价格。

就顾客来说，一般他们是会愿意支付比其心理预期高 20% ~ 60% 的价格的，关键是导购能否激发起他们的购买欲望，也就是说导购必须告诉顾客为什么这款产品这么贵。如果导购能让顾客觉得自己多付出的价款物超所值，那么他们是愿意购买的。

话术范例

话术范例一

导购："太太,没错,我们的产品确实是贵,而且我们的产品比B品牌的价格还要高!"(一般来说,顾客拿来与您相对比的品牌都是比较知名的,产品品质、种类都得到了认可)

顾客："为什么?"

导购："贵当然有贵的理由,您听我说完就明白了。我们橱柜的烤漆是使用了××道工艺制造而成的;下底柜板是可以拆卸的……(详细介绍产品的细节,准备5~10个细节点)太太,您觉得我们的产品怎么样?是不是物超所值?是不是值得您多花钱购买?"(让顾客了解产品为什么贵)

话术范例二

导购："先生,的确,我们的地板比市面上大部分地板品牌都要贵,但这是有原因的。因为我们的木材是非洲进口的,这种木材的好处是光泽好、无特殊气味、纹理交错有致、结构细而匀、材质较重,非常适合制造地板;为了防止木材受潮,我们没有用成本低的海运,而是使用了空运;公司还专门聘请了来自××的技术专家负责地板的生产制造……"(突出产品的核心价值,使用了昂贵的材料、昂贵的运输方式等)

话术范例三

导购："先生,我认可您的感受,乍看起来我们的产品和B品牌是没什么区别,但实际上我们有着很大的不同。"

顾客："是吗?有什么不一样?"

导购："先生,您可以靠近点看一下。一般烤漆的橱柜都可以从中映出人影,而我们的烤漆工艺好就好在这个人影是没有变形的,非常清楚明亮,让人一眼就能分辨出来,但是工艺较差的烤漆是完全达不到这个效果的。您可以过来看一下。"

顾客："嗯，好像确实没变形。"

导购："对吧。这是因为我们的烤漆使用的是八重工艺，一般的烤漆也就3~5重；您再来摸摸烤漆的表面，质感是不是很柔和？"

顾客："没错。"

导购："这是因为我们使用的是和雅马哈钢琴一样的烤漆工艺，而且专门聘请了雅马哈烤漆技术的第×代传人亲自传授技艺，感觉自然不一样了。"

……（继续介绍特殊工艺细节）

方法技巧

让顾客感受到物有所值的产品细节：

1. 使用的原材料：产地、质量级、运输方式……
2. 生产制造工艺的特点；
3. 设计、安装团队：知名设计师、专业技师、工人、多次获得大奖……
4. 使用的设备先进、独特；
5. 品牌的档次、售后服务等。

举一反三

请列举你所销售的产品的十种超值细节特点。

1. _____
2. _____
3. _____

如果顾客认为你们产品的价格要高于 A 品牌，导购要如何让他觉得物有所值？

1. _____
2. _____
3. _____

情景50
我上次来看还打折呢，怎么现在反而贵了啊

常见应对

1. 不可能的，这款橱柜一直是这个价格。
   （这会让顾客觉得你在侮辱他的智商）
2. 什么时候的事啊，我怎么不记得这款橱柜打过折呢？
   （暗示顾客撒谎，会让顾客不满）
3. 可能您记错了吧。
   （把责任推给顾客，会遭到顾客的反对，不利于销售）

引导策略

顾客提这样的问题，至少可以证明他对你的产品十分关注，曾经了解过该款产品。这也等于告诉你，他十分清楚这款产品的卖点和特点，也基本上认可这款产品，他更容易被导购说服。如果导购这时否认他的这种说法，只会让他觉得自己没有得到应有的尊重，招致他的不满和反感。

在这种情况下，导购不能否认他，而是要首先认同他的感受，随后话锋一转，告诉他确实有过这种情况，但现在因为种种原因已经恢复了原来的价格，让他对自己错过了大好时机而后悔。导购随后适当做出一点价格让步，就会让顾客感到满意。

 话术范例

话术范例一

导购："太太，您说的情况是存在的。因为前一段时间我们有些产品在搞活动，特价促销，价格非常超值。不过您说的是这款橱柜吗？"（肯定顾客的感受，并询问他具体的产品）

顾客："是的，我上个月过来时这款是特价产品。"

导购："啊？不会吧，我印象中上个月这款橱柜没有特价活动啊。哦，我知道了，您说的是这款吧，这款我们确实在做活动。"（故意搞乱顾客的记忆，让他们认为自己是真的记错了）

顾客："是这款吗？好像是，可能是我看错了。"

导购："没关系的，这两款橱柜确实挺相似的，很容易搞混。不过这款是我们今年新推出的产品，是新款式，如果您喜欢的话，我会尽可能帮您争取一个优惠的价格的。"（暗示顾客该款产品是新产品，通常新产品是不会搞特价的）

话术范例二

导购："是的，这很有可能，前两天家居城店庆做活动，我们也有几款沙发在搞特价。您说的是这款沙发吧？"（认可顾客的说法）

顾客："是的，就是这款。"

导购："实在不好意思，这款沙发的活动现在已经结束了，当时的优惠幅度非常大，现在已经没货了，您当时没买实在太可惜了。（观察顾客的反应，如果顾客流露出遗憾的表情）先生，其实我们还有几款和这款沙发类似的样式，价格刚刚调过，现在非常超值，我给您介绍一下吧。"（介绍类似款式的产品，转移顾客的注意力）

话术范例三

导购："先生，看得出来您对我们的产品非常了解啊，这真是我们

的荣幸。您说得没错,这款产品前几天确实在搞活动,八折特卖。不过很遗憾,因为是节日促销,现在活动已经结束了。"(认可顾客的说法)

顾客:"啊?这么快就结束了啊。我挺喜欢的,您能不能就按那个价格卖给我啊?如果可以,我现在就定下来。"

导购:"先生,我看得出来您非常喜欢这款橱柜,但是真的不好意思,那个价格本来就是活动时的优惠,现在真的没办法按照那个价格给您,要不我就得自己去垫差价了。不过呢,我是真的想跟您做成这笔生意,要不您看看除了价格以外,我还能帮您做点什么?"(询问顾客在不让价的情况下还能做什么弥补,转移他们的注意力)

将顾客的关注点从价格转移到其他方面:

1. 将顾客关注的焦点转移到其他产品上,打乱顾客的记忆,让他认为是自己记错了产品,该款产品并没有打折,而是其他款式。

2. 降低顾客的期望值,告诉顾客产品前几天确实在搞特价,但是现在活动结束,产品已经恢复原价了。

3. 告诉顾客促销产品已经卖完了,对他错过机会表示遗憾,并为他介绍其他类似产品,顾客往往因为不愿意再错过机会而选择。

举一反三

导购该如何让顾客认为是自己记错了,从而放弃对某一价格的坚持?

1. _____
2. _____
3. _____

导购该如何让顾客接受该款产品的活动已经结束了,并认可你提出的价格?

1. _____
2. _____
3. _____

情景51
这又不是实木的，怎么还这么贵啊

常见应对

1. 这个价格已经很低了。
   （没有证据的回答，没办法令顾客信服）
2. 我们是名牌。
   （简单粗暴，这种回答很难打动那些对名牌不感冒的顾客）
3. 不算贵了，A品牌更贵呢！
   （这种回答会让顾客感觉导购认为自己买不起）

引导策略

家居建材产品的定价和材质、工艺等有着密切的关系，但顾客往往认为材质是决定产品价格的主要因素，从而产生材料决定价格的片面观点。因此，当顾客看到产品的材质与产品的价格不匹配时，就会对产品的价格产生怀疑。

导购在处理顾客的这类异议时，应该向对方解释家居建材产品的价格并不完全是由制造的材料所决定的，款式的设计、新技术的应用、独特的制造工艺、品牌等因素也十分重要。另外我们的品牌、我们的服务、我们使用的制造工艺等都是最好的，所以产品的价格是合情合理的。

话术范例

话术范例一

导购："先生，您说的没错。不过，虽然我们的产品并没有使用实木材料，但我们的产品是绝对物有所值的。我猜您之所以关注我们的产品，是因为认同我们的品牌吧？"（提出品牌是我们的价值所在）

顾客："没错。"

导购："谢谢您对我们品牌的关注，我们的产品是经过国家质量检测的知名品牌，产品全部采用进口胶，用胶量少但坚固。我们这套产品最大的卖点就是环保性能极佳，家居表面不用油漆，甲醛含量低，相当环保，这正是我们的产品在同类产品中更受欢迎的原因所在。而且，板式家居相比实木家居要更时尚、款式也更多样，是深受各个年龄层喜爱的产品。"（转移顾客关注的焦点）

话术范例二

导购："先生，您说得没错。虽然我们的产品不是实木的，但无论是外观还是质量，一点都不比实木产品差！我们专门聘请了德国的专业设计师来设计产品，展现了浓郁的德国风格；采用了××工艺，表现了不逊于实木家居的质感；同时，我们还提供了××服务，让您使用无忧，而且价格要远远低于实木产品呢！"（提出设计、款式、工艺的卖点）

顾客："虽然这么说，可也挺贵的，这个价格在××那里可以买实木的了。"

导购："先生，我给您算一笔账您就明白了。不知道您过去听说过××那个牌子吗？（顾客否认）就是啊，我倒不是说这个牌子一定不好，但是我想如果您对它特别有信心的话，也就不会再来我们这里了，对吧？家居的品牌是非常重要的，那些杂牌家居，往往一两年后就会出现问题，可是那个时候说不定那些杂牌家居厂都已经倒闭了，根本没办法为您提供服务，到时候您找谁去？但我们的产品不一样，我们是国内知名的品牌，品牌是有保障的，就算家居发生了什么问题，您也不用担心，只要一个电话，就会有专人上门为您服务。您想想看，哪个更合算呢？"（用品牌服务来吸引顾客）

话术范例三

**导购：**"先生，是的，我们的产品确实没有使用实木制造，但是我们也有自己的优点，我为您介绍这种竹地板，是经过充分考虑的。您刚才提到您家房子不是很大，想让空间看起来更大一点，相比实木地板，竹地板在这一点上就有很大优势。因为竹地板在铺装时无须使用龙骨，可以直接铺装，这样一来就有效保留了室内空间；而且我们的竹地板是针对性的制造，不同地方进行了不同的含水率控制，有效防止了地板的变形，稳定性好；同时经过二次炭化技术，将竹材中的虫卵、脂肪、糖粉、蛋白质等养分全部炭化，使中间的竹纤维呈空心砖状排列，抗拉、抗压、防水；而竹地板的制造工艺也有效降低了温度对它的影响，还可以用于做地热地板。其实，地板的价格并不完全取决于它使用的材质，竹地板相比实木地板来说毫不逊色，而且更适合您家的实际情况，是您最好的选择。"（介绍产品的优点，并强调适合顾客的情况）

方法技巧

处理顾客对某一方面不满而引起的价格异议的技巧：

1. 如果顾客认为产品贵，我们就介绍使用了何种材质，如名贵的实木；

2. 如果顾客认为没有使用名贵的材质，我们就介绍使用了独特的工艺、设计、款式等；

3. 如果顾客认为产品在设计上没什么亮点，就介绍我们是名牌，服务好，可以免除他们购买产品的后顾之忧。

举一反三

如果顾客认为"你们的产品不是什么名牌,还卖这么贵",导购应怎么处理?

1. _____
2. _____
3. _____

如果顾客认为你们的产品没什么特色还这么贵,导购该如何回答他?

1. _____
2. _____
3. _____

情景52
整体定做太贵了，能不能再便宜一点

常见应对

1. 整套购买的话效果更好。
   （这种回答并没有解决顾客的问题）
2. 这个价格不算贵了，比其他牌子的便宜多了。
   （显得导购高高在上，并没有站在顾客的角度考虑问题）
3. 随便吧，那就看您了。
   （过于轻易地放弃，不应该）

引导策略

　　顾客认为整体定做的产品价格过高而要求导购让价，这是常见的情景。顾客往往会因为自己买得多而要求价格上的让步，在这种情况下，如果导购决定坚持价格不让步，可以适当示弱，把自己的底线告诉顾客，让他们相信你是想便宜点卖给他的，但你做不了主。如果他们真的喜欢这款产品，在这种情况下，往往就会妥协。

　　另外一种引导策略就是把整套产品的价格进行拆分，导购可以把价款分解到实际使用的每一天，或是把整套产品的价格分解到每一部分，这样大数字就会变成小数字，顾客也就更容易接受了。

话术范例

话术范例一

导购:"阿姨,您真有眼光,我们这款××系列橱柜可是我们的经典款式,是卖得最好的。"(赞美顾客的眼光)

顾客:"是啊,我也看了不少橱柜了,就看中了你们这款,我们全家都挺喜欢的。不过整体定做还是太贵了,能不能便宜点卖给我啊?"

导购:"阿姨,我看您是真心喜欢这款橱柜,可是价格真的没办法,能让我就给您让了。"

顾客:"有办法的,你再给我便宜点吧,到时候我们公司的同事装修我给你们做推荐。"

导购:"那我真要先谢谢阿姨了,希望阿姨给我们多多推荐啊!阿姨,我看您是真心喜欢这款橱柜,那我也跟您说实话吧,(实话实说,获得顾客的信赖)您看您也来了好几次了,能让的价格我也都给您让了。因为这款是我们的招牌产品,确实要比其他款式贵一点,我给您报的价格已经是我权限范围内的最低价格了,再让我也没办法了。这样好了,我看您也是确实想要,您要是整体定做的话,我送您一套厨房四件套吧,这款产品现在的市场价也要800多元,价格方面就实在没办法了。您看呢,阿姨?"(用送赠品来回应顾客的价格异议)

顾客:"真的就不能再便宜了?我不要赠品,你直接把折扣给我吧。"

导购:"阿姨,我是真的没办法,您就算不要赠品,价格也没办法便宜了。您要是觉得实在没办法接受,那我再给您推荐其他几款吧,也卖得不错,价格相对便宜一点。"(以退为进,一般这种方法只有确定顾客非常喜欢我们的产品时才可使用)

顾客:"我还是喜欢这款。那好吧,就按刚才说的办吧!"

话术范例二

导购："先生，实话告诉您，这款产品是我们的高档产品，使用了目前最好的××，价格的确比较贵。"

顾客："是啊，我就看中了这款产品，您给我便宜一点吧？"

导购："先生，这套家居的总价是15800元，而您所期望的价格是多少呢？"

顾客："13000元左右吧。"

导购："我明白了，您的价格和我们的报价相比差了2800元，确实有一定的差距。不过您想想，一套家居少说也可以用10年，平均算下来您一年只需要多花280元，对吧？这个数字其实并不多，如果平均到每天的话，还不到1元，您想想，每天多花1块钱就可以得到这样一套家居，是不是很值呢？"（价格拆分法）

方法技巧

"实话实说让顾客接受"的技巧：

1. 让顾客感受到你是在设身处地地为他着想，让他觉得你是站在他的立场上为他考虑问题的；

2. 严守价格底线，可以适当采取一些小让步，但要严守价格底线；

3. 实话实说，让他觉得你在跟他"掏心窝子"；

4. 不要让顾客有任何你可以再让价的感觉，一定要用坚决的语气让顾客相信你是不会再让价的。

价格拆分法：

1. 声东击西，把顾客的注意力从价格转移到产品的优质上；

2. 价格分解，把较大的数额平均分到每年、每日上，让顾客接受；

3. 也可以把整体价格分解到每件产品上，让顾客接受。

☕ 举一反三

如何利用实话实说的方法让顾客接受你的报价？

1. _____
2. _____
3. _____

如何利用价格分解的方法让顾客接受你的整套产品报价？

1. _____
2. _____
3. _____

情景53
你们的产品打这么低的折扣，是不是质量有问题

常见应对

1. 质量是绝对没有问题的。
   （过于绝对且没有证据的说法，顾客是不会相信的）
2. 我们是品牌产品。
   （空洞，并没有具体回答顾客的问题）
3. 出了问题您可以回来找我们。
   （顾客会想，你就是想让我掏钱，一旦我掏了钱，就没人管我了）

引导策略

产品打折对消费者来说是件好事，但这样往往会让顾客担忧是否因为产品的质量有瑕疵、卖不出去，才会折价销售。顾客的怀疑其实是有道理的，如果打折没有一个合理的理由，确实会引起顾客对质量的怀疑的。

在处理这种问题时，导购要让顾客明白折扣是合理的，不是因为产品的问题，而是我们给予顾客的一种回报。导购所说的打折理由可能是店庆优惠、节假日促销等，只要合理就会得到顾客的认可。

话术范例

导购："先生，我非常理解您为什么这么想。确实，很多顾客在看

见我们这款产品的价格后会这么想,但他们一旦了解这款产品打折的原因之后就不会这样认为了。其实,这款产品之所以打这样低的折扣,是因为我们品牌现在正在推出一个'十一黄金周十分优惠'的特别让利活动,以感谢顾客对我们产品的一贯支持。要是平常,这款产品的价格至少要比现在高30%呢!"(解释是因为搞活动才进行特价让利的)

话术范例二

导购:"先生,我十分理解您为什么这么想。确实,很多顾客也提出过和您类似的问题。实际上我们这款产品的质量非常好,如果这次不是因为店庆优惠,价格是绝对不会这么低的,而且这次活动还有两天就要结束了。"(解释打折是因为店庆,并透露活动即将结束,引起顾客的紧迫感)

话术范例三

导购:"先生,我明白您的顾虑,实际上很多顾客都有这样的想法。但是您可以放心,我们的产品质量是绝对没问题的。这次打折也是因为国庆促销,价格足足比平常便宜了30%,非常超值。如果非要找出不好的地方,可能是花纹的款式比较老,不过很多人就喜欢这种经典的花纹款式呢!"(解释打折是因为节日促销,并告诉顾客产品无伤大雅的小瑕疵)

方法技巧

产品打折的原因:

1. 店庆促销;
2. 回馈顾客,让利销售;
3. 特殊节假日;
4. 其他合理的名义。

举一反三

请列举3种以上合理的卖场打折促销的原因。

1. _____
2. _____
3. _____

导购如何回答顾客关于打折产品质量不好的疑问?

1. _____
2. _____
3. _____

情景54
我要是多找几个人团购，还能便宜多少

➡ 常见应对

1. 没办法，这已经是最低价了。
   （过于生硬、死脑筋，会伤害顾客的积极性）
2. 肯定可以便宜的，你们打算多少人买？
   （这种回答容易把顾客的心理预期提上来，到最后不好收场）
3. 价格都好商量的。
   （这种回答会让顾客认为价格是可降的，会导致他们拼命地杀价）

🧭 引导策略

买得越多越便宜，这一说法已经被许多顾客认可。于是为了以尽可能低的价格购买到家居建材产品，他们会在购买家居建材产品时组织亲朋好友联合购买，用"人多力量大"的方式来获取尽可能优惠的价格。

对此，导购首先要对他们的提议予以认可和感谢，然后向对方解释公司的团购政策，并让顾客尽量联合多一些人购买。一般在这种情况下，顾客会尽量向其他顾客推荐。当顾客再次出现时，无论他们是否为你带来了其他顾客，都要给予适当的折扣让步，因为这是你对他们劳动的回报和尊重。

 话术范例

话术范例一

导购："先生，谢谢您对我们产品的厚爱，我非常荣幸您愿意为我们的产品做宣传。是这样的，原则上我们的产品是不打折的，不过最近我们推出了一项小区团购优惠政策，如果您小区内同时有10位业主购买，可以享受九折优惠；如果数量更多，我可以为您申请样板房优惠政策，最低可以打八折，您看如何？"（详细解释公司的团购优惠政策）

顾客："哦，原来是这样。那好，我回去问一下吧！"

导购："好的，十分感谢您，我等您的好消息。"（通常顾客在这种利益诱惑下是不会放弃购买的，所以不用担心顾客不再回头）

（几天后，顾客再次光临）

顾客："我这几天只找到5个人想买你们家的产品，您看能不能也给我们打折呢？"

导购："先生，原则上只有5个人是没办法打折的。不过您是我们的重要顾客，而且又给我们带来了许多顾客，我之前已经把您的情况告诉给我们老板了，我们老板说非常感谢您的惠顾，特意叮嘱我，您要是再过来的话，即使您没凑够10个人也给您打九折。"（当顾客再次出现时一定要让步给予优惠）

顾客："是这样啊，那太谢谢您了。"

导购："不用客气，这是我们应该做的，希望您以后继续支持我们的产品啊！对了先生，这个价格是给您的特别优惠，千万不要告诉别人啊！"（让顾客觉得自己与众不同，这样一来他们就会继续支持你的产品）

话术范例二

导购："先生，谢谢您对我们产品的关注，您愿意为我们推荐，我非常感谢。通常我们的产品是不打折的，不过您来得正好，我们公司刚刚推出了一项团购优惠活动，一次性购买3套以上产品的顾客可以享受特别

优惠,购买数量越多,优惠幅度也就越大,最低可以打到八折。"

顾客:"哦,我知道了,我可以回去问问。"

导购:"那我就等着您的好消息了。"

(几天后,顾客再次光临)

导购:"先生,您来了,欢迎光临。"

顾客:"您看,我一共找到了对你们的产品有兴趣的5个人,这样的话我可以打几折?"

导购:"先生,您真厉害,这么几天就找到了这么多人。按公司的规定,一次性购买5套产品的话可以直接打九折。不过您是我们尊贵的客人,我很感激您给我们带来客户,所以,我打算再额外赠送您一套厨具,您看这样成吗?"(给予顾客额外的优惠,让他感到自己得到尊重和实惠)

顾客:"是这样吗?那太好了,谢谢您了。"

方法技巧

给予顾客团购优惠的技巧:

1. 真诚感谢顾客的认可和推荐;

2. 告知顾客"我们本来是不打折的,不过最近推出了一项新政策……"详细解释该政策;

3. 提议顾客可以试试,并等待顾客再次光临;

4. 当顾客重新回到店里时,一定要给予他让步和折扣,如果能超出他的心理预期给予他额外优惠,更能让顾客满意。

举一反三

如果顾客没有找到足够的人数,导购怎么办?

1. _____

2. _____

3. _____

如果顾客带来了超出导购预期的客人数,导购如何应对?

1. _____
2. _____
3. _____

情景55
我看广告说你们全场打八折,原来是骗人的

常见应对

1. 不是的,我们确实在打折。
   (顾客更相信自己所看到的,而不是你说的)
2. 您来晚了,产品已经卖完了。
   (这等于是把责任推给顾客)
3. 您看错了,我们的产品是八折起,不是全场八折。
   (这种回答会让顾客认为自己受到了愚弄)

引导策略

　　商家往往利用促销广告来吸引顾客前往,但如果顾客到店后发现他们想要购买的产品没打折,就会认为自己受到了愚弄,导购必须想办法安抚顾客的这种不满情绪。

　　处理顾客的这种异议时,导购首先应该诚恳道歉,来安抚顾客的情绪,让他感到自己是被尊重的。接下来,导购必须让顾客感到你在为他的利益而努力,你可以通过主动为顾客调货、为顾客向老板争取更低的价格等举动来获得他们的认可。

 话术范例

话术范例一

导购："先生,实在抱歉,您说的那款特价促销涂料现在已经卖完了,请您谅解。其实您可以看看我们的这款涂料,也是我们卖得非常好的一款。这款涂料和那款相比采用了××技术,可以在视觉上使房间增大20%,而且现在也在搞活动,非常超值,您可以看看。"(为顾客介绍其他款特价产品)

话术范例二

导购:"先生,实在抱歉,我们这次特价活动已经在昨天结束了。不过没关系,虽然这款产品现在不能打八折了,不过我可以试着去为您申请一个特别折扣,不让您白跑一趟。请您稍等一下,我去问问我们老板。"

导购:(几分钟后,返回)"是这样的,先生,我刚才跟老板说了您的情况,我们老板同意给您打九折,您看这样成吗?希望您以后多多支持我们的产品。"(虽然活动已经结束了,但可以为顾客争取一个特别的折扣,以满足他们的要求,使他们感觉到自己被尊重)

话术范例三

导购:"先生,非常遗憾,您说的这款产品刚刚被一位阿姨买走了,我们现在已经没货了。真的不好意思,让您白跑一趟。要不,您再看看其他款式?我给您介绍一下。"

顾客:"我就看中这款了,你们别的产品我都不喜欢。"

导购:"原来是这样,那您看这样成不成,我帮您问问其他店还有没有这款产品,试着帮您调调货。不过,因为我们是卖场店庆才搞的促销活动,从别的店调的货可能不能按照这个价格给您了,您能接受吗?"

顾客:"不能特价啊?"

导购:"也不是肯定不能。这样吧,我先帮您问问,万一别的店也

没货了,就实在没办法了。请您稍等一下。"

导购:(几分钟后,返回)"先生,太好了。我刚才帮您确认了一下,我们××店的这款酒柜还有货,是酒红色的。而且我刚才把您的情况跟老板做了特别申请,所以这次还是按照八折的价格给您,希望您要是用得好的话,能帮我们的产品多做做宣传。那我就帮您登记了,3天后给您送货,您看成吗?"(让顾客感受到你在为他们的利益而努力)

方法技巧

回答"卖场没有促销产品"的技巧:

1. 促销产品已经卖完了,可以介绍其他特价产品,突出这款产品具备原来产品不具备的卖点;

2. 特价活动已经结束了,为了让顾客满意,可以给予顾客适当的优惠;

3. 可以为顾客调货,尽量满足他们的需求。

心平气和地向顾客解释,千万不能和他们发生争执。

举一反三

当顾客认为商家欺骗顾客时,导购该如何解决?

1. _____

2. _____

3. _____

如果顾客看中的特价商品没有了,导购该如何解决?

1. _____

2. _____

3. _____

情景56
别送什么赠品了，直接给我打折就成了

常见应对

1. 没办法，这是公司的规定。
   （把责任推到公司规定上，是十分不负责任的说法）
2. 不可以的，我们只能返券，不能打折。
   （过于生硬、死板的回答，等于直接把顾客往外赶）
3. 对不起，我没这个权力。
   （这会让顾客产生只要找对人还有让价空间的错觉）

引导策略

导购经常会碰到不要返券、赠品而想直接打折的顾客。导购在回答顾客这个问题之前，应该了解顾客为什么不想要赠品，是赠品的质量问题，还是他家里已经有了类似的产品。只有知道原因后，导购才能采取相应的措施应对。

导购在处理这类问题时，一定要坚定立场。要了解顾客的感受，如果顾客认为赠品不值钱而不想要，则需增强他对赠品的信心；如果顾客觉得返券没用，就要告诉他返券的用处。最后一定要强调，产品本身才是他应该关注的重点，最重要的是买到他喜欢的产品。

 话术范例

话术范例一

导购:"先生,很少有人不想要我们的赠品,我能请问一下是什么原因吗?"(了解顾客不想要的原因)

顾客:"我家里已经有这个牌子的电器了,再送我一个也没什么用啊!"

导购:"是这样啊!那您看这样成不成,您家里现在还缺什么厨房电器吗?您要是有需要的,我看能不能给您协调一下,帮您换一个。"(提出更换其他赠品)

顾客:"嗯,要是这样的话,我家里还缺一个微波炉,您看能不能帮我找一个。"

导购:"好的,那您稍等,我去给您问问。"

话术范例二

导购:"先生,我们送的赠品是很不错的,很多人都非常喜欢,您为什么不喜欢呢?"

顾客:"你们送的赠品质量都不好,我不想要。"

导购:"先生,我十分理解您的这种想法,确实现在一些厂商送的赠品都不怎么好。不过您放心,我们的赠品跟它们的不一样,我们的赠品是国内著名的××品牌的产品,是他们专门为我们生产的一款特别产品,虽然只是一款赠品,但是无论质量还是设计都是一流的,比如……(详细介绍赠品的优点)是非常实用的,您可以看看这款赠品。"(用赠品的优点打动顾客)

话术范例三

导购:"先生,我理解您为什么这么想,确实现在的赠品有这样或那样的问题,不过我们这款赠品是非常好的……(介绍赠品的优点)"

顾客:"虽然您说得这么好,但我还是觉得没什么用,您还是直接给我打折吧。"

导购："您这可真叫我为难了。先生，我们的赠品是在正常价格的基础上额外赠送给顾客的优惠，是对一贯支持我们的客户的一种回馈，是不能计算在产品的价格之内的。而且这个活动到×月×日就要结束了，很多人都很喜欢我们的赠品的，如果您不要，实在太可惜了。而且就算赠品您自己用不着，送给其他朋友也是一份不错的礼物啊！（找出赠品的其他用途）再说了，先生，其实最重要的还是产品本身，赠品不过是锦上添花的点缀。如果产品不能让您满意，那么就算价格再便宜，我想您也不会买的，对吧？"（强调产品才是顾客最应关注的问题）

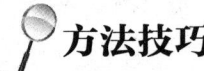方法技巧

根据顾客的不同原因应对顾客不要赠品的技巧：

1. 顾客家里已经有相似的产品，提出为顾客调换产品；
2. 顾客觉得赠品不好，没什么用，向顾客详细介绍赠品的特点；
3. 顾客认为赠品没用，则告诉顾客赠品的其他用途，比如当礼物送人；
4. 最重要的是强调产品才是最主要的，赠品不过是锦上添花的点缀，关键是产品能满足顾客的需要。

举一反三

当顾客认为赠品质量不好时，导购该如何回答？

1. _____
2. _____
3. _____

如果顾客不要积分、返券，而要求直接打折，导购该如何回答？

1. _____
2. _____
3. _____

情景57
您申请一下看能不能打七五折，否则我去别家买啦

➡ 常见应对

1. 如果能打折的话，我早就卖给您了。
   （这句话的潜台词就是您要买就赶快买，不买就赶紧走）
2. 我给您的已经是我们的最低折扣了。
   （这等于告诉顾客价格已经没有回旋的余地了）
3. 我是真心想卖给您，但我们老板规定只能是这个价格了。
   （这是拿老板当挡箭牌，会让顾客觉得老板不近人情）

🧭 引导策略

顾客虽然嘴里说着产品的价格太贵了，如果导购不便宜就去别家买，但实际上他们是不会轻易放弃已经讨价还价很久的产品的，毕竟找到一款满意的产品并不容易。在这种情况下，导购就要利用顾客的这种心理，顾客越是压价，导购就越要抬高产品的核心价值，确保给顾客留下足够深刻的印象。

导购在处理这种问题时要给足顾客面子，并再一次强调产品的利益点，让顾客接受你的报价；如果顾客还是坚持要你让价，导购可以尝试询问在不让价的情况下还有没有其他达成交易的可能；最后如果实在没办法，可以一小步一小步地让，要让顾客认为你每次的让价都是非常艰难的。

 话术范例

话术范例一

（假设导购的底线是八五折）

导购："先生，我非常理解您的心情，我也很想做成您这笔生意。您想，您这么一笔大单我怎么可能不愿意做呢？您说对吧？不过价格上我是真的没办法再给您更多折扣了，实在抱歉，先生。再说了，先生，买家居最重要的就是产品的质量，一套家居一用就是十几年甚至几十年，如果质量不够好，到时候反复修理实在是一件麻烦事啊……"（重复强调产品的核心利益，让顾客接受你的报价）

顾客："您看，我想买，您却不卖给我。"

导购："先生，越是好的家居，放在家里就越有面子，这样您的朋友来您家里做客时就会认为'×××，太棒了，全球最著名的××家居品牌'，这样您多有面子啊！"

顾客："八折可以了吧？"

导购："我明白您是真的想买我们的产品，说句玩笑话，如果我们的品质能够打折的话，如果我们的质量能够打折的话，我也可以八折给您。我们的产品是……（再次重复品牌价值）"

顾客："八五折，您要是不卖，我真的走了。"

导购："先生，请您稍等一下，我马上跟经理申请！"（写好书面申请，请经理签字、批准）

导购：（几分钟后返回）"先生您真是太厉害了，经理签字同意您的优惠折扣了，我这就给您开单。"

话术范例二

（导购已经向顾客介绍了产品的利益点，但顾客坚持要求让价）

导购："先生，我看得出来您非常喜欢我们这款壁纸。我们这款壁

纸的花纹、质地确实都非常不错,受到很多人的欢迎。但是不好意思,现在这个价格真的是最低的了,实在不能让了,如果我给您打七五折,那么差价只能由我自己垫了。先生,我也想做成您这笔生意,而且您挑选到这么满意的产品肯定也不容易。先生,我想请教一下,除了价格以外,您还需要我为您做点什么才能成交呢?比如售后服务、安装送货什么的。只要您开口,我会尽量满足您的要求。"(用其他服务代替产品的价格)

话术范例三

(顾客坚持只有让价才能接受)

导购:"先生,我明白您的想法,不过您说的这个价格我真的没办法给您。这样吧,您能不能稍等一下,我再向我们老板申请一下,看能不能破例给您一个更低的折扣……先生,您久等了,我刚才问过我们老板了,七五折的价格实在不行。不过呢,我们老板听我说您特别喜欢这款产品,为了留住您这位客人,特别让我给您最优惠的价格,八五折的价格您能接受吗?"(一小步一小步地让价,让顾客觉得你做了很大牺牲)

方法技巧

逐步让价的策略:

1. 重复强调产品的利益点,让顾客认识到产品的价值,接受你的报价;

2. 尽量用其他服务代替让价,如售后服务、送赠品等;

3. 即使最后让价,也要一小步一小步地让,让顾客觉得你是在尽力为他争取。

举一反三

如果顾客说"您能降到××,就马上购买",导购该如何处理?

1. _____

2. _____

3. _____

请你列举几种让顾客接受的讨价还价的方法。

1. _____
2. _____
3. _____

情景58
进口跟国产的价格相差这么多，质量上有什么区别

常见应对

1. 进口产品比国产产品更好。
   （顾客关心的不是它好不好，而是它好在哪里，是否值得花钱购买）
2. 这是法国设计师设计的最新款式。
   （顾客问的是质量，导购回答的却是设计，驴唇不对马嘴）
3. 家居肯定是越好的越贵。
   （这种想法过于想当然，不能解决问题）

引导策略

　　进口产品的价格往往要高于国产产品，这是由于进口产品由外国设计师设计、在外国制造、从外国运输而来等因素，导致它的整体成本高于国内生产、制造的家居产品，再加上其品牌知名度与品牌文化内涵，所以它的价格相对较高。

　　处理顾客的这种异议时，导购要做的就是告诉顾客进口产品和国产产品的不同，比如更前卫、时尚的设计，使用了品质更好的木材、工艺，使用这款产品会彰显顾客的品位等。当顾客明白了产品的价值所在，他们就会认同这一更高的价格了。

# 话术范例

话术范例一

导购:"是的,先生,这款沙发的价格确实比国产品牌高不少,但这是物有所值的。先生,我想请教一下,您觉得沙发产品是质量还是外观更重要?"

顾客:"这两方面都挺重要的。"

导购:"没错,您买沙发肯定想买质量又好外观又漂亮的产品,这款沙发就是您的最佳选择。这款沙发是意大利著名设计师××设计的最新款式,是限量生产、限量发售的款式,在国内市场上,包括这一套一共只有不到20套,是非常难得的珍品。更难能可贵的是,这款沙发内外兼修,不仅卖相好,更使用了××材质,应用了×××技术,您可以亲自坐坐体验一下。"(强调产品是著名设计师设计的珍品,是限量产品)

话术范例二

导购:"先生,没错,我们的这款产品确实价格不便宜,您肯定知道,电工类产品最重要的就是安全。这款产品的安全系数要高于同类其他产品,就是因为这款产品选用的是最好的原材料面板——美国GE的PC材料,具有可承载64盏日光灯的超强承载力,可以给您最安全的保护。而且,这款产品的使用寿命高达8万次,可以使用15年以上,现在的国产产品能用8年就已经算是很不错的了。这样看来,这款产品绝对是物有所值的。"(强调产品的高安全性,并用具体的数字来说明产品的使用寿命和物有所值)

顾客:"虽然您说的没错,但我还是觉得太贵了。"

导购:"先生,我实话跟您说吧,前两天××小区的一位顾客刚刚在我们这里买过这款产品,我给您拿销售单看看吧,您看,××元,比我给您的价格要贵15%,我把您当自己人才给您报这样的价格,您可千万得为我保密啊!"(顾客不怕买得贵,怕的是买得比别人贵)

话术范例三

导购:"先生,我非常理解您的看法,在选择沙发时我们要考虑价格,同时我们更要考虑它的长期使用性能。比如××小区的一位用户,他开始也和您一样以为沙发只要样式好看就行,就选择了价格较低的国产××品牌。结果使用一年以后发现沙发拉带断了,海绵弹性也大大降低了。所以,去年他为儿子买沙发时就不买××品牌了,而是买了我们的品牌,并且一直用得非常满意。前几天,他还介绍了一位同事来买呢。我这里有他的联系电话,您可以打电话咨询一下,问他是不是这样。"(讲述成功实例,来消除顾客的异议)

方法技巧

从产品独特之处介绍,让顾客认同产品物有所值:

1. 产品是名家制造,具备独特的观赏价值;
2. 产品使用了珍贵的木材(板材、钢材);
3. 产品使用了先进的制造技术;
4. 产品的设计独特,独具品味;
5. 产品是高档家居的代表,可以带给顾客乘坐"奔驰汽车"一样的感受。

举一反三

请你列举 3 种以上进口产品的卖点。

1. _____
2. _____
3. _____

如果顾客认为"进口产品的质量不如国产家居,却还卖这么贵",导购应该如何说服他?

1. _____
2. _____
3. _____

情景59
我今天带的钱不够，改天再来吧

常见应对

1. 那您就改天再来吧。
   （轻易放弃顾客的做法，这样的结果是顾客不会再来）
2. 那您可以刷卡的。
   （也许顾客只是将没带够钱做借口，并不是真心想买）
3. 那您可以看看便宜的款式。
   （这种说法很难让顾客接受，顾客喜欢的是这款产品，而不是其他款式）

引导策略

　　导购常常会遇到这样的情况，顾客在店里看中了一款家居，导购向他们介绍后，他们却说："没带够钱，过两天再来吧。"然后便离开卖场。很多导购相信了顾客的这种说法，便痴痴地等待顾客，但得到的结果往往是他们一去不回。

　　在这种情况下，导购不能轻易让顾客流失，因为很多时候顾客一旦离去是不会再回头的。优秀的导购要有锲而不舍的精神，如果顾客说自己没带够钱，导购可以让他们适当付一点订金，再记下对方的联系方式，帮他们登记资料，这样一来顾客就不会轻易放弃购买了。

 话术范例

话术范例一

导购："先生,我相信您很喜欢这套整体浴室,我们这款产品确实非常不错,很多顾客都十分喜欢,一直以来卖得也非常好。先生,这款产品现在库存已经不多了,您要是喜欢的话可以先定下来,适当交一点订金,剩下的部分等为您送货时您再交付也没问题的。您觉得呢?"(请顾客交订金)

话术范例二

导购："先生,没关系,其实我也和您一样经常出门忘记带钱。一看样子就知道您是个非常讲信用的人。我也看得出来,您十分喜欢这套餐桌。我一定得让您知道,这款餐桌是我们的最后一套了,您要是错过了实在可惜。您看这样成不成,我现在找车帮您把这套餐桌送到您家,您可以到家再付款。您觉得呢?"(给顾客直接送到家里,减少他们反悔的机会)

话术范例三

导购："先生,看得出来您非常喜欢我们的这款产品,虽然您今天没带够钱,但是这没关系,我跟您谈了这么久,觉得您这人特别容易亲近,我现在早不把您当客人了,感觉您就和我最好的朋友一样。"

顾客："是吗?"

导购："是啊,既然是朋友,我信任您。只要您真心喜欢这款产品,我就先帮您定下来,订金您也不用担心,一会儿我先帮您垫上,您只需在这张单子上签个字就可以了,其他的事情我全部都能帮您办好,一个礼拜之内我保证您能用上崭新的家居。"(主动帮顾客垫付订金)

方法技巧

应对顾客没带钱的技巧：

1. 请顾客支付订金；
2. 立即主动为顾客送货；
3. 登记顾客的联系方式，让他们不好意思反悔；
4. 主动帮顾客付订金。

如果顾客只是以"没带够钱"为借口，他们此时就会提出其他借口，导购可以根据不同借口有针对性地应对。

举一反三

如何让"没带够钱"的顾客购买你的产品？

1. _____
2. _____
3. _____

请你再列举 3 种应对"没带够钱"的方法。

1. _____
2. _____
3. _____

交易促成
实战情景训练

　　如果把销售当成钓鱼，那么主动促成就是把鱼竿往上提的收竿动作。鱼漂下沉是提示钓鱼者收竿的信号，而导购要促成交易，也先要捕捉和识别顾客的购买信号，把握好成交的时机，然后再运用各种各样的成交方法与技巧，引导顾客顺利达成交易。

情景60
你们的售后服务怎么样

常见应对

1. 您放心,我们的售后服务非常好。
   (较空洞,导购应该介绍更详尽具体的内容,顾客才放心)
2. 我们的产品质量非常好。
   (答非所问,导购可能想通过强调产品质量好来让顾客对服务放心,但这会让顾客觉得导购对自己的服务不自信,回避问题)
3. 我们的产品是包退换的,您可以放心。
   (这种说法过于绝对了,很难让顾客放心)

引导策略

导购在和顾客的交谈中要注意把握成交机会,当顾客发出明显的成交信号时,导购要抓住机会直接要求成交。很多导购因为害怕被顾客拒绝而不敢主动要求顾客成交。但是如果你不开口,顾客是很少会自己主动要求购买的。

当导购要求顾客购买时,应该把握三个关键:要求明确、语气坚定、不断重复,即使已经被顾客拒绝了一次,一旦机会再次出现也要毫不犹豫地主动要求,只有这样才能把握得来不易的成交时机。

话术范例

话术范例一

导购:"先生,关于售后服务您尽管放心。我们是国内知名品牌,售后服务一向十分过硬。对于地板产品,我们承诺自安装之日起3年内,若出现因为产品质量而引起的地板损坏,您都可以持购买单据获得免费的维修;3年以后,公司提供有偿的维修服务。绝对不会出现您所担心的出了问题没人管的现象,请您放心。您要是没有别的问题,我就帮您开票啦?"(详细解释顾客关心的问题后,主动要求顾客成交)

话术范例二

导购:"先生,我们的产品是国家免检的名牌产品,在产品质量上绝对可以让人放心,而且我们还承诺3年的保修,确保您能安心使用。您看我们是今天下午给您送货还是明天上午给您送货呢?"(主动要求为顾客送货,在这种情况下,顾客就会习惯性地选定一个时间,此后导购要记下这个时间,并记录顾客的联系方式)

话术范例三

导购:"先生,是的,产品的售后服务十分重要,是我们在购买家居产品时不容忽视的,我给您简单介绍一下我们的服务条款吧……(详细介绍公司的售后服务条款)如果沙发搬回去您不喜欢或是不满意,我们承诺3天之内可以无条件退换货。"(对顾客承诺一旦交易后如果不满意可以退换货,以促使顾客立即成交)

方法技巧

导购要求顾客成交的时机:

1. 顾客询问送货时间时;
2. 顾客询问售后服务时;

3. 顾客提出一个具体的要求时；

4. 顾客心里的疑虑被彻底打消时；

5. 顾客表现出对产品满意时；

6. 顾客再次进入您的店里时；

7. 顾客带来参谋时。

有效的成交技巧：

1. 直接要求顾客成交；

2. 选择型成交，一旦发现顾客发出成交信号时，不直接问他买不买，而是用"买甲还是乙"来让顾客做出选择；

3. 无风险成交，如话术范例三，导购向顾客提出成交保证，以打消他们的顾虑，促使立即购买。

举一反三

顾客询问什么时候送货时，导购如何立即促成交易？

1. _____

2. _____

3. _____

导购如何使用无风险成交法让顾客立即成交？

1. _____

2. _____

3. _____

情景61
人家买建材送免费安装服务，你们怎么不送呢

🔄 常见应对

1. 我们也送的。
   （这样说会让导购陷入被动，顾客会以为我要是不提你就不送，会觉得和这样的人做买卖不太放心）
2. 我们没有这项服务。
   （等于承认了顾客说我们不送安装的说法，会导致顾客选择其他品牌的产品）
3. 天下没有免费的午餐，免费安装都是陷阱。
   （这种诋毁竞争对手又侮辱顾客智商的说法只会让顾客不舒服）

🧭 引导策略

当顾客提出一个问题时，如果导购能对此给予满意的答复，就有很大的成交可能，可以促使顾客立即做出购买决定。比如，当顾客询问导购建材产品是否赠送安装服务时，导购对此给予肯定的回答，就会让顾客感到满意并达成交易。

如果商家不能提供该项服务，导购也可以先答应下顾客的条件，同时也一定要提出相应的条件让顾客同意，用交换条件的方法使顾客承诺立即成交。一旦交易达成后，导购就要立即去寻求顾客问题的解决方案，比如可以另行聘请施工队为其免费安装等。

话术范例

话术范例一

导购:"先生,我刚要跟您说这个问题您就提出来了。是这样的,您购买我们的地板产品时我们会提供专业的安装队伍为您铺装地板;另外,经我们铺装的产品如果出现了产品质量和安装上的问题,我们都是免费维修的,以确保您安心使用。先生,我这就帮您开单吧?"(直接回答,主动要求成交)

话术范例二

导购:"小姐,这个问题是这样的,以前我们也是赠送安装服务的,不过后来许多顾客都说自己请了专门的施工队,免费安装还不如直接打折来得实惠。所以我们现在对此就有两套政策,如果您需要安装服务,我们可以赠送您免费的安装服务;如果您已经有了施工队,不需要安装服务,我们可以在现在的优惠价基础上再为您打九五折。您看,您是想直接打折还是需要我们免费安装呢?"(选择型成交方式)

话术范例三

导购:"先生,这个问题我得跟您解释一下。公司规定买建材产品是不赠送安装服务的。不过如果您地板和涂料都在我们店里购买的话,我们可以为您提供免费的装修服务,并确保施工质量,绝对让您满意。要是没问题的话我就帮您登记了,您看您是准备什么时候动工呢?"(在答应顾客提出的条件的同时提出自己的交换条件)

方法技巧

有效的成交方法:

1. 条件型成交技巧:对顾客提出的条件,导购要尽可能做出满意的答复,以促使其购买,但同时,一定也要提出相应的条件来保证自己的

213

利益；

2. 假设成交法：当顾客的购买时机已经成熟时，通过询问一些假设顾客已经购买后出现的细节问题来促使顾客掏钱购买；

3. 闭嘴成交法：导购在要求顾客成交后，要保持沉默，观察顾客的反应，这样做的结果一般来说会是积极的。

☕ 举一反三

导购如何利用假设成交的方式让顾客决定立即购买？

1. _____
2. _____
3. _____

请列举 3 种条件型成交的话术。

1. _____
2. _____
3. _____

情景62
装修结束剩下了没有动用的装修材料,可以原价退货吗

➡️ 常见应对

1. 对不起,不能退的。
   (生硬的拒绝,顾客难以接受)
2. 如果没有损坏,是可以退的。
   (多退少补的承诺往往能让顾客满意)
3. 可以退,不过您要到库房去退货,门店是不能退货的。
   (这也是很多品牌的规定,门店是不能直接退货的,而是要到库房进行统一退货)

🧭 引导策略

顾客装修使用的建材数量很多时候都是一个预估的数字,在真正使用过程中总会出现数量上的差异,在这种情况下,自然会出现"多退少补"的问题,如果导购在这类问题上的回答能让顾客满意,那么交易的可能性自然也会大增。

在这种情况下,导购应站在顾客的立场上,为顾客排忧解难。如果厂家有"多退少补"的规定,则向顾客解释其具体的内容和操作细节;如果厂家不允许退货,则建议顾客尽量计算准确一次性购买,以免浪费。这样一来既消除了顾客的疑问,促成了交易,同时也不至于因此而产生纠纷。

话术范例

话术范例一

导购："先生，这个问题是这样的，我具体跟您解释一下。我们品牌对建材产品执行的是多退少补的规定，原则上来讲，您家里装修剩下的建材只要没用过并且无损坏，就可以到我们的售后服务中心进行退货；但是我们门店是不能直接给您退货的，这点我必须跟您说清楚。所以您到时如果需要退货，就一定要留存好产品的购买凭证，并将产品保存完好。不知道我这样解释是否清楚？您要是没有其他问题的话，我就帮您开票了。"（解释具体的规定，让顾客满意）

话术范例二

导购："先生，是这样的，如果您装修后剩下的建材没用过，同时也保存完好，我们是可以帮您退货的，不过这需要您自己到公司的库房去退货，而不能直接在门店办理。不过您也知道，退货总没有买东西方便，所以我建议您尽量计算准确，然后一次性购买，万一不够以后再补，这样也免去您事后退货的麻烦，您说呢？您有没有带家里的户型图？我帮您计算一下吧，看看您最少要购买多少块瓷砖。"（站在顾客的角度为顾客提出建议，更容易被接受）

方法技巧

回答顾客关于是否可以"多退少补"问题的技巧：

1. 首先做出明确的答复，是可以还是不可以；

2. 详细解释公司关于该问题的规定，以免造成双方的麻烦和误会，务必要让顾客听懂；

3. 可以向顾客提出有效的建议，比如一次性少买一点，不够再补等。

举一反三

导购如何回答顾客关于"多退少补"的问题?请举例说明。

1. _____
2. _____
3. _____

请再列举 3 种关于"多退少补"问题的回答。

1. _____
2. _____
3. _____

情景63
人家买地板、橱柜、壁柜都赠送配件，你们能送吗

常见应对

1. 他们送的那些配件都不值钱。
   （这种回答等于间接承认我们不送，不容易吸引顾客成交）
2. 羊毛出在羊身上，最后还得您埋单。
   （意思就是说，"您傻啊，最后不是还得您掏钱，被人卖了还帮人数钱呢！"）
3. 我们不送配件，都是实实在在的折扣。
   （这种说法等于说其他牌子不实在了，是刻意贬低对手的说法）

引导策略

顾客喜欢将我们的产品和其他竞争对手对比，其目的就是为了用最优惠的价格购买我们的产品。在这种情况下，顾客很可能就戳到了导购的痛处，如果导购像被踩了尾巴的猫一样和顾客争辩，只会适得其反。

在处理顾客的这类异议时，导购可以利用富兰克林分析法来引导顾客成交。具体操作方法十分简单：导购在一张纸的左边列出顾客购买的理由，右边则写出顾客拒绝购买的理由，之后和顾客一起分析、对比，引导他们成交。

话术范例

导购："大姐，我十分理解您的想法，这样好了，我们先看看，除了这一点之外您对我们的产品还有什么其他的不满。您介不介意回答我几

个问题?"

顾客:"好的,您问吧。"

(导购一边询问一边填写)

产品的优点	对产品的不满
花纹、颜色不错	买产品不送配件
实木材质十分环保	价格有点贵
知名品牌,服务有保障	
7天的无条件退换货服务	

导购:"从这个表上您就能发现,其实您已经做出了选择,您已经找到了让自己满意的产品。您只是还想再比较比较,让自己更放心些,对吧?"

顾客:"您说的有道理。"

导购:"您看,这种地板是您在上百种款式中精心挑选出来的,对吧?"

顾客:"是的。"

导购:"您也觉得这款地板的花纹、颜色都非常合适,您非常喜欢吧?"

顾客:"没错。"

导购:"我们的品牌、服务也都让您满意吗?您是不是认为我们这种大牌子的知名度好,用起来也有面子,而且产品就算出了什么问题,我们的服务也可以确保您的使用?我说的没错吧?"

顾客:"嗯。"

导购:"虽然我们的产品价格并不便宜,但是这种品质的地板只要×××元,其实算起来并不贵。您觉得呢?"

顾客:"就这个品质来说还算合理吧。"

导购:"是的,您看您已经做出了选择,您早就看好了我们的产品,无论我们送不送配件您都会决定购买的,您说我说的对吗?"

顾客："嗯。"

导购："那么您还犹豫什么呢？虽然我们不能赠送您配件，但是我们的产品和服务是绝对会让您满意的。"（主动要求成交）

方法技巧

富兰克林成交法：

鼓励顾客去考虑事情的正、反面，突出购买是正确选择的方法。顾客在面临作决定的关键时刻，总是犹豫不决。这时导购应拿出一张纸，将购买产品的优点写在左边，缺点写在右边，然后让顾客一一分析优缺点。此时导购就在一旁帮助顾客回忆优点，对于缺点要勇于承认，但要以优点来淡化缺点。当顾客发现购买产品的优点多于缺点时，他就会买。

举一反三

富兰克林成交法具体应如何操作？

1. _____
2. _____
3. _____

请运用富兰克林成交法来说服顾客成交。

1. _____
2. _____
3. _____

情景64
我自己决定不了,得回家再商量商量

常见应对

1. 好的,您回家商量商量再来吧。
   (看似善解人意,但得到的结果很可能是顾客不再上门)
2. 在家里您做主就成了,不用商量了。
   (这种激将法,只能让顾客觉得不舒服)
3. 我相信我们这么好的产品,您家人一定会喜欢的。
   (缺乏客观依据的说法,很难让顾客认同)

引导策略

顾客在购买家居建材产品时,除了自己的意见,还要考虑一下亲朋好友的意见。毕竟家居建材产品的价值较高,而且一用就是很长时间,如果家人不喜欢,实在是一个很大的问题。同时,顾客希望参考家人的意见,也是对家人的一种尊重,这说明顾客是个尊重别人意见的人。

导购在处理这种异议时,千万不能流露出急于成交,或是鄙视、不耐烦的情绪,而要首先表现出对顾客的尊重与认同,赞美他(她)是一个考虑家人感受的好先生(太太);其次可以通过问题来了解一下顾客的真实购买意愿,最后要留下顾客的联系方式,或是进一步敲定下次来店的时间。

话术范例

话术范例一

导购:"先生,您真是一个优秀的丈夫啊,您太太一定很幸福!"(赞美顾客)

顾客:"哪里。"

导购:"先生,家里房子开始装修了吗?"(通过问题来了解顾客的购买意愿)

顾客:"马上就要动工了,所以现在赶紧来看建材。"

导购:"哦,那太太以前有没有和您一起来看过呢?"

顾客:"看过几次了,都没看中。"

导购:"是啊,现在找到一款自己喜欢的产品真的是很不容易啊。看样子您和我们这款楼梯真是有缘,今天是我们第一天摆放出来呢!"

顾客:"是啊,我是挺喜欢的,不过不知道我老婆喜不喜欢,所以想让她一起来看看。"

导购:"是的,这是应该的,毕竟房子是一家人住嘛,肯定要参考您太太的意见喽,您两个人都满意才成。这样吧,先生,如果不介意的话,能留下您的联系方式吗?这样这款楼梯要是有什么优惠我也可以随时通知您。"

顾客:"好的,您记一下,我的电话是×××。"

导购:"嗯,(记录顾客的联系方式)对了,不知道您和太太什么时候有空过来看看呢?如果您能定下时间,我可以预约我公司专业的客户经理,专程接待你们夫妻俩。"(询问顾客来店的时间,如果主动提议接送顾客的话,成功率更大)

顾客:"这样啊,那就这个周六吧,周六我有时间,10:00左右吧。"

导购:"好的,那就周六上午10:00见!"

方法技巧

顾客有购买意愿时的通常表现：

1. 提问时关注细节，并透露较多自身信息，如房子的详细信息、装修的有关信息等；
2. 如果顾客真心喜欢商品，他的神态、动作会透露出这点，如反复摸看产品，不断询问产品的材质、安装、服务等具体问题；
3. 有时顾客甚至会直接打电话给家人询问意见；
4. 会明确告诉导购确切的再次前来的时间；
5. 会主动给导购留下联系方式，索要相关资料。

举一反三

请你列举几种顾客非常想要购买产品的表现。

1. _____
2. _____
3. _____

导购如何让表示要回家商量商量的顾客再次前来？

1. _____
2. _____
3. _____

情景65
我还想再去其他店看看，再比较比较

常见应对

1. 好的，要是没有满意的您就随时过来吧。
   （顾客很可能就一去不回了）
2. 其他店也差不多的，没什么好看的。
   （这种回答会让顾客觉得你心虚，甚至不相信你）
3. 没关系，您去看看好了。
   （过于消极的回答，容易产生变数）

引导策略

当顾客说想再去其他店看看时，一般是出于以下几种原因：一是没有看中满意的商品；二是导购没有找准顾客的需求点，做了错误的引导；三是顾客对导购的服务不满意，感到不舒服。

在这种情况下，导购应该立即想办法补救而不是轻易放弃。首先导购要挽留顾客，弄清楚顾客不满意的真正原因，然后调整应对的策略，采取有针对性的说服措施，一定要先留下顾客，再为他们重新介绍产品。

话术范例

话术范例一

导购："二位，请稍等一下，我给你们留一份我们最新产品的资料吧。这款玻璃浴室是我们邀请意大利设计师专门设计的最新产品，获得了

×××大奖，一经推出，就好评不断。"

顾客："好的，拿来看看吧。"

导购："请您稍等一下。（给顾客最新资料）实在抱歉，先生，刚才我没明白您的需求，所以才没向您介绍我们最新款的产品，反正您回去看产品资料也要花十几分钟，不如让我用几分钟给您简单介绍一下我们的这款产品，您再对比一下？"

顾客："好吧，反正都已经来了，那就听听吧！"（对产品没兴趣的顾客应重新挖掘他们的需求）

话术范例二

导购："哎哟，瞧我这脑袋，（可以适当做吃惊状拍自己的头）我都忘了，我们还有几款特价产品现在在做促销，我都忘了给您介绍了。来，请您跟我过来看看吧，这几款涂料性价比特别高，十分超值。"（带领顾客看特价促销产品）

导购："先生，您觉得这款怎么样，这款涂料我们使用了××技术，可以让房间的面积看起来扩大1/3。我拿样板给您看看吧。"

话术范例三

导购："先生，实在抱歉，刚才我照顾不周，还请您见谅啊。感谢您光临我们的专卖店，我非常希望能为您提供最好的服务，所以我想请教您，是因为我们的产品还是我的服务让您不满呢？"

顾客："没有，我就是想再比较一下。"

导购："先生，肯定是我们有什么不足让您不愿意购买我们的产品，您买不买都没关系，请一定要告诉我您的真实想法，好让我改进自己的服务，谢谢您了。"（通常和善的顾客都会给你一些很好的建议，耐心听完后会拉近不少距离，这时再向顾客要求成交商品更容易）

方法技巧

留住顾客的技巧：

1. 借赠送资料留住顾客；

2. 好奇吸引法，引起顾客的好奇，并征求他们的意见；
3. 虚心请教法，诚恳的态度更容易得到顾客的回答。

当成功留下顾客并向顾客介绍完产品后，一定要注意征求他们的意见，以确定自己的推荐是否正确合理，然后重新要求成交。

举一反三

请你列举 3 种以上留住顾客的有效方法。

1. _____
2. _____
3. _____

导购如何让说"我再去别家看看"的顾客留下并购买商品？

1. _____
2. _____
3. _____

情景66
怎么有些款式没有实样呢？图片太平面了！

常见应对

1. 没办法，展厅太小了，摆不下那么多样品。
   （强调客观原因，容易让顾客认为你在找借口）
2. 样品马上就送到。
   （等于承认顾客的说法，不利于导购继续说服）
3. 其实看图片也是一样的。
   （这是对顾客不负责任的回答，没有站在顾客的立场上看问题）

引导策略

顾客喜欢看样品是因为样品是实实在在的，可以让顾客对产品有一个眼见为实的直观感受，让他们切实感受到产品的外观、功能、使用效果等。相对来说，图片就不具备这一功能，虽然顾客可以从图片中了解产品的外形，但对它的使用效果并不了解，也根本无法放心购买。

处理顾客的这类异议时，导购不应该去和顾客争执有没有样品的问题，而是应该让他们明白该款产品的实际使用效果，并让他们放心。可以利用同类产品让顾客去感受产品的材质，通过样板间的摆放实样让他们了解产品的使用效果。如果过于纠缠样品的问题，只会适得其反。

 话术范例

话术范例一

导购："先生，我很理解您的这种想法。确实，只看图片我们很难去确认产品的实际效果。关于您说的这个问题，是这样的，这款产品和那款产品（给顾客指另一款产品）其实是同一系列的，它们使用的材质和技术都是完全一样的，唯一的区别就是这两款电视柜在外观上略有不同。因为我们的展厅面积有点小，所以没办法将两款产品同时摆放，但是无论大小、高矮，这两款产品都差不多，而且这款产品在外形设计上更大气，所以很受欢迎。"（利用对比法让顾客了解同类产品）

话术范例二

导购："先生，您提的这个问题非常好，很多顾客也问过类似的问题。实际上，我们选择的样品都是比较经典的产品，是我们的专家从客户的购买记录中精挑细选出来的，比较有代表性，和任何装修风格搭配都非常合适，是我们的主推产品。来，我给您介绍一下吧。对了，您家里是什么风格的装修呢？"（忽略顾客的问题，强调样品是经典的款式）

话术范例三

导购："先生，是的，我们这边的样品确实不算多，但是每一款产品都很有特点，也都很受欢迎。按照您刚才的说法，我觉得我们这两款产品非常适合您。请您到这边来，我给您介绍一下，您先看看这几款产品合不合心意。"（强调样品适合顾客的需求）

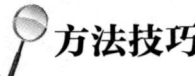 方法技巧

回答顾客关于"样品少，只有图样"的异议的技巧：

1. 强调我们的样品都是精挑细选后的精选款式，具有代表性；

2. 承认顾客的说法，但强调购买产品并不在于样品的多少，而是产品是否适合自己；

3. 让顾客通过看同类产品来了解图片产品的实际使用效果，让他们对产品放心。

☕ 举一反三

如果顾客认为样品太少了，导购该如何回答？

1. _____
2. _____
3. _____

如果顾客认为 A 品牌的样品又多又好，导购该如何回答？

1. _____
2. _____
3. _____

情景67
我是挺喜欢这种设计，但这款产品太大，我们家没这么大地方

常见应对

1. 不会啊，一点也不大。
   （导购没有依据，随口乱说，不能令顾客信服）
2. 听您刚才介绍的情况，我觉得挺适合的。
   （这种过于主观的说法，很难得到顾客的认同）
3. 这样啊，那您看看其他款式吧。
   （这只会让顾客认为导购根本没有站在自己的角度来考虑问题）

引导策略

这种情况的出现实际上是导购没能准确理解顾客的需求，从而出现了"驴唇不对马嘴"现象。导购应该在向顾客介绍产品时随时观察顾客的反应，根据顾客的质疑，及时调整自己的介绍策略。

在处理顾客的这种异议时，导购可以利用顾客见证来说服顾客，让他们放心这款产品的使用效果；如果导购发现自己对于顾客的需求理解不正确，则应重新挖掘需求，为顾客推荐其他更合适的产品。

话术范例

话术范例一

导购："先生，您真有眼光，这款睡床是我们今年推出的最新款式，

叫'套房家居',是现在最流行的款式。我刚才听您说您家里卧室是15平方米左右,正巧,我有一个朋友前几天过来买床,他一开始也认为这个款式有点大了,但是买回去以后他发现这款床摆在房间里的效果非常好,一点也不显大。您要是担心效果,我可以给您看看他拍的现场照片。"(利用顾客见证说服)

话术范例二

导购:"先生,我刚才听您说您想买一张大一点儿的床,所以我就为您推荐了这一款,也可能是我误会您的意思了,您不喜欢这种加长、加宽的床吗?"(重新确定顾客的需求)

顾客:"那倒不是,我是想要一张2米×2米的床,可是这张床也太大了吧。"

导购:"先生,可能是您误会了。确实,这张床看起来挺大的,但它的实际尺寸是2米×1.9米,比您说的这个尺寸还要小一点呢。可能是卖场里的光线和空间的原因让它显得比较大吧,但实际上并不是很大。"(强调是卖场里的客观因素导致问题的发生)

顾客:"是这样吗?是错觉吗?"

导购:"嗯,是的,如果您不放心,可以自己量一下。"(通过让顾客实际验证来打消他们的质疑,更有说服力)

话术范例三

导购:"先生,您觉得这款沙发太大了吗?一般来说,这种尺寸的沙发放在30平方米的客厅里是不会显得很大的。您为什么会这么想呢?"

顾客:"因为我家客厅要分出来一部分做餐厅,所以这个尺寸的沙发可能有点大啊。"

导购:"原来是这样,实在抱歉,先生,是我的错,没能理解您的意思。我再帮您介绍几款沙发吧。按您的说法,我想这个尺寸的沙发比较适合您家里的实际情况。"(如果发现对顾客的需求把握不当,则不要做过多纠缠,而是要马上掉头,为顾客推荐更合适的产品)

方法技巧

对顾客的需求把握不当时的处理技巧：

1. 询问顾客质疑的原因，找出他的真实需求；
2. 针对顾客的质疑进行有效的解释；
3. 如果发现自己对顾客需求理解错误，则应调整介绍的方向，重新为顾客推荐合适的产品。

找出顾客真实需求的有效方法：

1. 开放型问题：找出顾客的兴趣点，比如使用"什么""怎么""为什么"来提问；
2. 判断型问题：可以使用"是不是""对不对"之类的词语；
3. 反问型、诱导型问题；
4. 异议转化型成交技巧：利用顾客异议的机会要求顾客成交，如果顾客认为产品过大，则要强调正是因为这一点，才更需要购买。

举一反三

如果顾客因为对产品理解错误而产生不适合的感受，导购该如何回答？

1. _____
2. _____
3. _____

请列举几种能够找出顾客真实需求的问题。

1. _____
2. _____
3. _____

情景68
顾客购买的产品超过了预算,如何说服顾客埋单

常见应对

1. 我们也有便宜的产品。
   (这种回答会让顾客觉得导购认为自己没钱,买不起贵的产品)
2. 价格好商量,您再看看。
   (这会让顾客对价格有很大的心理预期,会对接下来的议价不利)
3. 您的预算是多少,差得不多的话就给您带一套。
   (未战先怯,在没有明确顾客的想法时就提出让价,会让自己在谈判中陷入被动局面)

引导策略

顾客在购买家居建材产品之前总是有一定的预算的。研究表明,顾客可以接受预算的120%~160%价格的产品,所以预算并不是阻碍顾客购买的最大原因。只要他们了解该产品的卖点和价值,他们是愿意接受超过自己预算的价格并购买产品的。

在这种情况下,导购首先可以询问顾客的预算,然后突出介绍产品的独特卖点,告诉顾客超出预算的付出是物有所值的。如果最后顾客仍然无法接受这一价格,导购也可以为其推荐其他产品。

话术范例

话术范例一

导购："先生，我很理解您的想法，预算在我们购买家居时是很重要的，我能请教一下您对这种地板的心理价位是多少吗？"（了解顾客的预算）

顾客："×××元。"

导购："是这样啊，说起来两者相差并不算大。这种地板最大的优点就在于它的环保性特别好，已经达到E0级标准。您看，这是我们的认证证书。您也知道地板产品是否环保是十分重要的，一款地板买回去要用上十几年，甚至几十年，跟我们的健康与生活密切相关，所以您必须挑选一款环保型的产品。实践证明，E3级环保标准就已经接近矿泉水的标准，E0级的环保效果更好，是现在国际认证的最高标准。为了您和家人的健康，选购这样一款环保型的地板产品绝对是非常必要的，您说对吗？您要是觉得可以的话，我就帮您登记送货了，请问您的地址是？"（突出强调产品的环保性卖点）

话术范例二

导购："先生，您能跟我说说您的预算吗，我帮您想想办法。"

（顾客回答）

导购："原来是这样，确实差得比较远。要不这样吧，您现在看到的这些产品都是采用国标E0级标准板材制作的家居，价格确实贵点。不如我们帮您换成国标E1级板材制作的吧，这样的话就至少能节省3000元。其实E0级的产品主要是能在温度较高的环境下依然保持其环保性，如果是室温的情况下，E1级的环保标准就足够了。如果是我自己买的话，肯定就选择这种E1级的板材了，不仅价格上更实惠，而且什么地方都和这款一模一样，品质啊、款式啊，连五金配件都是一样的。"（寻找替代品，解决顾客的问题）

话术范例三

导购："先生，我明白，我们买东西肯定是要根据预算来选择的。

不过没关系,我之所以建议您购买这款太阳能热水器,是因为您家里人多,所以就需要一款容量大、热水效果好的产品,否则只会让您使用起来感觉不够用,那样倒不如不买。虽然这款热水器的价格超过了您的预算,但是我觉得这是您最好的选择,关键是适合您家里的情况,而且性价比超高,特别超值,要是您没有别的问题,我就帮您开单了。"(强调产品适合顾客的实际情况)

 方法技巧

应对产品价格超过顾客预算的情况的技巧:

1. 尽可能翔实地介绍产品的卖点,比如环保性能、款式设计、产品材质等,进行有重点的重复介绍,起码介绍3次;

2. 突出介绍产品适合顾客家庭的需求,是最能满足他们需求的产品;

3. 如果顾客的预算和产品价格相差过大,则可以为其推荐其他符合预算的产品。

☕ 举一反三

导购如何让顾客接受超过他们预算的产品?

1. _____
2. _____
3. _____

以你目前销售的产品为例,列举说服顾客购买超过其预算的产品的话术。

1. _____
2. _____
3. _____

在顾客购买后进行关联销售

常见应对

1. 您不再看看其他家居？
   （这种说法会引起顾客的警惕，而且容易得到顾客否定的回答）
2. 我们的洗手盆也挺不错的。
   （没有抓住顾客的兴趣点，没有挖掘顾客的需求）
3. 欢迎下次再来。
   （没有关联销售意识，无法引起顾客的关联购买兴趣）

引导策略

顾客同意购买产品，表明导购的工作取得了阶段性成果。导购应该尽可能把握住顾客仍在展厅逗留的时间，来让顾客对你的其他产品产生兴趣，将它们介绍给他，让他再次购买。

导购向顾客进行关联销售，可以从产品的配套产品卖起，比如顾客购买了一张桌子，导购就可以建议其购买配套凳子，或者同系列的卧室衣柜、床头柜；也可以从产品的配饰卖起，比如导购可以向其销售床上用品等。

话术范例

话术范例一

　　导购："阿姨，恭喜您拥有了一套这么漂亮的沙发，这套沙发是我

们上个月刚推出的新款式,是北欧现代简约风格的代表。这套沙发还有一个配套的小茶几,您看看怎么样?"(强调配套产品,引起顾客的兴趣)

顾客: "是吗?什么样的茶几?"

导购: "是一款和这款沙发相同风格的茶几,我带您看看吧?"(转向介绍产品)

话术范例二

导购: "先生,您真有眼光,您今天买的枫木板是现在最漂亮的一种板材了,我猜您肯定想尽可能保持这种美丽的花纹吧?"(提出问题,制造顾客的痛苦)

顾客: "是啊,有什么好办法?"

导购: "当然有了,这种事就交给我们的IF002底漆吧。"(给出解决问题的方案)

顾客: "哦,那这种底漆的耐黄变性能怎么样啊?"

导购: "这么跟您说吧,到目前为止,我们的IF002底漆是国内装修市场上耐黄变性能最好的底漆。您看这些样板,已经用了很长时间了,但是根本看不出来什么黄变。"(用实证来让顾客信服)

顾客: "它的价格怎么样啊?"

导购: "这种高级耐黄的,一平方米板材所需要的底漆价格大概是15元。"

顾客: "太贵了,不能再便宜一点吗?"

导购: "先生,好的板材要用好的底漆嘛,您这么好的枫木板当然要选择最好的底漆才能做出最好的效果。这样吧,既然您是我们的老客户了,我给您打九折。我帮您计算一下用量吧?"

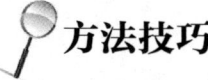

进行关联销售的技巧:

1. 赞扬顾客已购买的产品,让他们对你和品牌有信心;
2. 销售配套产品,如同系列的其他产品或配饰等;

3. 为顾客已经购买的产品制造问题，再提出解决的方案，最后以适当的优惠引诱顾客做出决定。

举一反三

在实际工作中，你是如何向顾客进行关联销售的？
1. _____
2. _____
3. _____

在使用关联销售时应注意些什么？
1. _____
2. _____
3. _____

情景70 请求老客户推荐新客户

常见应对

1. 谢谢光临,请慢走。
   (没有要求顾客转介绍的意识)
2. 您还得帮我们多宣传一下啊。
   (导购只做好了分内的工作,但仅仅这样一句话是没办法让顾客愿意为你宣传的)
3. 您周围要是有朋友想买家居,还请您帮我们推荐一下啊。
   (如果顾客的使用效果良好,自然会为你宣传的)

引导策略

如果顾客对产品的使用效果满意,再加上导购的服务也让他们满意,不用你说,顾客也会为你进行推荐、介绍的。因此,导购要想让顾客主动为你推荐新客户、转介绍,就要做出让顾客满意甚至感动的服务。

导购可以在顾客购买产品后一周左右进行电话回访,以便询问顾客的产品使用效果,以及所遇到的问题,一旦发现顾客需要导购的帮助,就要及时为其解决困难。如果顾客对你的服务满意,那么对你的推荐新客户的要求自然不会拒绝。

 **话术范例**

话术范例一

导购：顾客购物离开后一周左右，导购拨打顾客回访电话。

导购："张先生，您好，我是××品牌的小李，这次给您打电话是想了解一下您上次购买的××，您用着还满意吗？"

顾客："是你啊，还不错。"

导购："那就好，您满意就是我们最大的心愿。对了，如果您以后使用中遇到什么问题就给我打电话吧，我会尽量帮您处理的。还有，张先生，要是您身边有朋友同事想买家居，也请您帮我们推荐一下，好吗？"（顾客是不会拒绝你的这种要求的）

话术范例二

导购："刘阿姨，您好，我是××品牌的小王，我想问问您上次买的沙发用着还好吗？"

顾客："嗯，不错。"

导购："所以我说阿姨您眼光好。对了，上次您回去后我又查到了几个沙发的保养秘诀，我给您说说吧。要不您记一下？……（介绍保养知识和使用时的注意事项）阿姨，您都听清楚了吧？以后有什么保养方面的问题就给我打电话。对了，要是您邻居有什么人想要买沙发的话，您就让他们来找我吧，好吗？"

顾客："嗯，那当然了，你这么热心，有人要买，我肯定给他们介绍你。"

导购："那我先谢谢阿姨了。"

话术范例三

导购："恭喜王先生买到了称心如意的家居，也非常希望您能把这份满意分享给您的朋友，如果有机会，非常欢迎您介绍您的朋友到我们店里坐坐。"（主动要求顾客转介绍）

顾客:"您放心,我一定会给您介绍顾客的。"

导购:"那我可要先谢谢王先生了,您真是一位热心人,您能不能给我重点推荐几位顾客呢?要是不耽误您的时间,能不能请您现在就留下他们的电话号码?您的朋友就是我们的朋友,我们一定会为他们提供满意的服务的。"(感谢顾客的推荐,进一步要求顾客立即进行推荐)

顾客:"嗯,好的,我给您写几个电话号码。他们最近正准备买房装修呢!"

导购:"王先生,要是您不介意的话,我想现在就联系您的朋友,您不会反对吧?"(这样做的好处就是让顾客可以在一旁帮你说好话)

顾客:"好吧,您打吧。"

方法技巧

让老顾客推荐新客户的技巧:

1. 顾客离开 1 周后拨打回访电话;
2. 询问顾客的使用效果以及产品有无问题;
3. 向顾客介绍产品的使用技巧和保养方法;
4. 一旦发现顾客对你的服务满意,就要及时要求顾客为你推荐新客户。

举一反三

请你列举 3 种导购在拨打回访电话时让顾客对自己的服务感动的方法?

1. _____
2. _____
3. _____

请你试举 3 种让顾客为你推荐新客户的话术。

1. _____
2. _____
3. _____

送货安装服务
实战情景训练

"三分销售,七分安装。"送货安装服务是家居建材销售的自然延伸。你的家居建材产品和品牌给顾客留下了什么印象,很大程度上取决于送货安装这一过程。实际上送货安装才是第二次销售的开始,是决定顾客能否成为你的忠实顾客的关键所在。

情景71
你们如何保证安装的质量

常见应对

1. 我们是专业的安装人员。
   （过于自信，缺乏让顾客认可的证据）
2. 安装结束后我们有专人负责验收的。
   （这是一种保证质量的有效方式）
3. 我们安装完毕后，会请您签字确认的。
   （这也是一种有效的验收方式，同时，如果能告诉顾客使用时的注意事项，会有效杜绝产品因使用而发生的损害）

引导策略

家居建材产品的安装质量是顾客除了产品质量外最关心的问题之一，这直接关系到顾客的实际使用效果，所以导购一定要正面回答顾客的这个问题，要让他们清楚我们通过什么样的措施来保证产品的安装质量，确保他们顺利使用。

在处理顾客的这类异议时，导购要告诉对方我们确保产品安装质量的措施，比如请顾客最后验收确认，只有他们认为满意了才结束安装；比如品牌公司组织的安装队伍，以确保高质、及时地完成验收等。

话术范例

话术范例一

导购："张先生，不仅您关心产品的安装质量，我们也和您一样关心这个问题，因为这直接关系着您对我们品牌的印象。因此，为了确保安装质量，我们规定了这样的措施：首先，必须是业主本人或业主授权委托的人员在场的情况下才可以施工，这样可以让施工按照您的安排进行；其次，在施工结束后，安装队伍必须在您签字确认后才能收工，目的就是要尽可能让您满意；第三，我们会在安装后的1周内进行电话回访，以确认您的使用状况，如果您有什么问题，我们也会及时予以解决。"

话术范例二

导购："阿姨，我很理解您关心安装质量的心情，毕竟这直接关系着您的使用。请您放心，我们为了确保地板的铺装质量，特意组建了一支专业的安装队伍，专门进行安装施工服务。稳定的专业安装队伍可以确保您的安装质量，并且更好、更快地为您服务。而且比起那些外聘的施工队，这种我们自己组建的队伍会更细心、更负责，管理起来也更有效。"

话术范例三

导购："先生，我们和您一样，也十分关心家居产品的安装质量，尤其是我们这家店的老板，他特别注重顾客的使用感受，每次都会到现场进行检查验收。到时候如果您发现一个穿着不起眼、喜欢戴帽子的人，那就是我们老板，有什么问题您可以直接跟他反映，他一定会耐心帮您解决的。"

方法技巧

处理有关安装问题的技巧：

1. 介绍安装过程中的注意事项，尽量避免问题的发生；

2. 强调有专人进行验收，可以是专门负责验收的工作人员、老板或者顾客自己；

3. 强调主动售后服务,注重顾客的使用感受;
4. 强调厂商有专门的安装队伍,可以更有针对性地进行安装。

举一反三

当顾客询问如何保证安装质量时,导购该如何回答?

1. _____
2. _____
3. _____

如果顾客询问如何确保送货速度,导购该如何回答?

1. _____
2. _____
3. _____

情景72
送货安装人员上门服务规范

常见应对

1. 我们的安装人员上门服务时会穿戴特定的制服和鞋套,并铺放特别预备的地毯,保证工作结束后您家里的卫生。
   (介绍上门服务的着装规范)
2. 我们会在上门为您服务的前一天和您联系,严格按照预定的时间上门服务,如果确实因特殊情况无法准时到达您家,则会电话通知您。
   (介绍上门服务的时间规定)
3. 我们在为您安装时,会与您沟通协调产品的安装位置,安装完毕后,会请您检查验收,并整理好现场的卫生。
   (介绍安装时的工作规范)

引导策略

送货安装人员是与顾客直接接触的最后一个环节,直接关系着顾客对品牌的印象。很多优秀的企业都是通过良好的安装服务,实现了30%以上的顾客转介绍或重复购买。相反,也有打了很多广告却没能注重安装环节的企业,最后只得到顾客投诉频频,怒气冲冲。

可见,送货安装服务的质量直接影响着顾客的重复购买和转推荐。只有良好的服务规范才能得到顾客的认同,因此,企业一定要重视送货安装人员的上门服务,规范他们的行为,让他们用最优异的表现赢得顾客的认可。

话术范例

话术范例一

安装人员："××先生，您好，我是××公司的送货员。这是您×月×日在我们店里订购的××产品，公司安排我来为您安装，等我安装好后还要烦请您验收。"（送货安装人员上门时介绍自己的身份、企业品牌等）

话术范例二

安装人员："××先生，您觉得这件××产品摆放在哪里最合适呢？"（和顾客协商选定安装位置）

安装人员："××先生，安装我们这件××产品，需要移动您家里的沙发，您觉得可以吗？"（跟顾客协商，顾客同意后方可移动）

话术范例三

安装人员："××先生，现在已经给您安装完毕，请您检查验收一下，如果没问题，烦请您在我们的安装单上签字认可。如果您在使用过程中遇到什么问题，可以随时拨打我们公司的客服电话，我们会及时为您提供服务。打扰您了，谢谢您的合作，再见！"（送货安装人员离开前）

方法技巧

上门进行安装、维修服务的规范：

1. 敲门后后退一步，当顾客开门后主动打招呼，并面带微笑做自我介绍，在得到顾客允许后方可进屋，根据顾客家的地面情况决定是否脱鞋或穿鞋套。

2. 安装时和顾客协商选定安装位置，在条件允许的情况下，尽量满足顾客的要求。如果无法满足这一点，则要耐心向其说明理由，务必使其理解。

3. 安装维修时一定要注意室内环境，布置好工作现场。需要移动家居或其他物品时，要跟顾客协商，征得同意后方可移动。

4. 安装时严格按照安装流程进行操作，要求技术熟练，干净利索；需要顾客帮忙时，应客气致谢。

安装结束后的"三个清扫"：
1. 清扫安装产生的垃圾；
2. 清扫家居安装的地面，并把每个角落擦干净；
3. 清扫家居表面，保持家居的光鲜整洁。

举一反三

贵公司对送货安装人员的安装服务有哪些具体规定？
1. _____
2. _____
3. _____

送货安装人员上门服务规范包括哪三方面？请详述每个方面的内容。
1. _____
2. _____
3. _____

情景73
如果安装不当,造成的损失如何处理

常见应对

1. 我们都是专业的安装人员,不会出现您说的这种问题的。
   (无凭无据,不能令顾客信服)
2. 我们没出现过这种问题。
   (过于自信,且空口无凭)
3. 如果是我们的原因,我们会负责赔偿的。
   (潜台词是"您只有证明是我们的问题我们才赔")

引导策略

顾客提出的关于"安装损失由谁赔偿"的问题十分有代表性。安装是销售的重要环节,业内甚至有"三分销售,七分安装"的说法,如果卖家不能处理好安装的各个环节,是很难让顾客重复购买的,甚至只会导致顾客投诉频频。

导购在处理顾客的类似异议时,首先要帮助顾客坚定信心,其次是对产品的信心,第三则是对商家安装队伍的信心,比如我们产品极低的返修率、专业的安装技术人员等,并向他们承诺服务保障,即一旦出现问题会得到及时赔偿。

话术范例

话术范例一

导购: "先生,关于这个问题,您大可放心。我相信您选择我们的产品也是因为对我们品质的信任。别的我不敢说,至少在我销售这个品牌产品的5年中,从来没有顾客因为产品的质量而投诉。再说了,'没有金刚钻,不揽瓷器活',如果我们不能保证安装的质量,也不会主动要求为顾客安装的,那不等于砸自己的牌子吗?您放心,一旦安装出现质量问题,造成损失,我们绝对会按照原价赔偿的。您要是不放心,我们可以把这条写到合同里,这样您就放心了吧?"(强化顾客对品牌的信心,提出如果出现问题负责赔偿,并把口头承诺变为书面承诺)

话术范例二

导购: "阿姨,我明白您这种担心,如果在安装时因为我们工作人员的失误而损坏了您家里的物品,我们会承担责任照价赔偿的;如果不慎造成了原材料的损失,也由我们负责,您尽管放心;如果安装引起了其他损害,我们也会负责到底,无论是维修还是赔偿,我们都会让您满意的。"(给承诺,让顾客安心)

话术范例三

导购: "是的,先生,这个问题很重要,装修可是一件大事,出了问题确实很麻烦,对于这个问题我们公司的规定是,无论是不是我们的责任,我们都会先行赔偿您的损失,包括您的材料损失以及其他损失。如果最后证实是我们的责任,我们还会相应地对您进行其他赔偿,不知道这样您是否满意?"(强调先行赔付的规定可以确保顾客的利益)

方法技巧

回答有关安装损失问题的技巧:

1. 从产品品牌的角度来让顾客相信这种问题不会发生;

2. 强调专业的安装施工队伍来让顾客放心；
3. 介绍先行赔付的规定，这可以让顾客安心；
4. 为了让顾客放心，导购可以主动将口头承诺变成书面承诺。

☕ 举一反三

如果顾客提出因为安装问题导致的原材料损坏该由谁承担责任，导购该如何回答？

1. _____
2. _____
3. _____

如果顾客提出因施工人员不慎损坏了顾客的家具，导购该如何做出让顾客满意的答复？

1. _____
2. _____
3. _____

情景74
安装前我需要做哪些准备工作

常见应对

1. 您什么都不用准备，我们的工作人员直接去就成了。
   （不负责任的回答，难以令顾客满意）
2. ……（沉默不语）
   （沉默显示了导购的不专业，这会让顾客产生怀疑，甚至放弃购买）
3. 我给您简单说一下……我会给您一张产品说明，上面都写着呢。
   （简单专业的介绍会让顾客更加信赖你）

引导策略

针对诸如"安装前的准备工作"这类十分具体细致的问题，导购的回答能够直接体现你的专业水平，如果你能给予顾客有效、简单的答案，就会得到他们的信赖，甚至会引起他们的重复购买和主动推荐。

在这种情况下，导购的回答除了需要专业和有用外，更重要的是简单、易懂，毕竟顾客不是专业施工人员，导购过于专业的术语只会让顾客一头雾水，难以领会。除了详细解释之外，导购还可以将主要的事情写下来交给顾客，这样顾客会更加清楚明了。

话术范例

话术范例一

导购："张先生，木地板的铺装是装修的最后一道工序，我们建议您最好在其他工程结束后再进行铺装，这样可以避免交叉施工；在专业施工人员上门安装前，您最好保持房间干燥通风，屋里地面平整无杂物，有时间的话可以先用铲刀将凹凸处铲平；最好标注出已经铺好的水管、电线、暖气管的位置，这样工人在铺装时就不至于损坏管线了；最后，最好能确认一下设计图和地板的安装方向、门槛配备、铜条装饰等细节问题。检查好这几个问题，您就可以等着工人上门了。"（详细介绍具体细节）

顾客："您说这么多，我没记住怎么办？"

导购："您不用担心，我一会儿会给您一张使用时的注意事项的说明，上面有您在安装前需做的一些准备工作，您回去可以参考一下。"

话术范例二

导购："这个问题是很重要的。您现在已经订购了我们这款集成吊顶，但是我们没有办法马上帮您安装，因为这要等您家里的瓷砖都铺装好后才能进行。您今天有没有带家里的房型图来呢？"

顾客："没有啊。"

导购："没有的话，哪天您有时间最好带房型图过来，我们先帮您做一下初步设计和预算；然后等您家里的瓷砖铺好后，就可以通知我们派人上门测量，一般在接到您通知的第二天就会有专门的工作人员前往测量；测量结束后，您需要再到我们这里确定设计方案和送货安装时间以及产品的其他细节，这之后您就可以回家等我们为您送货安装了。"

顾客："听起来好像挺复杂的。"

导购："您放心，装修再复杂也是装修师傅的事，您只需看着就行了。在安装工人上门前，需要您把抽油烟机的软管和热水器先装好，但灯和浴霸等电器先不用装，我们会在安装吊顶的同时按照您购买的电器的尺寸开孔，并为您安装。不知道我这样说您清楚吗？我帮您画个图，把这个

流程帮您写清楚，好吗?"（介绍安装流程，并主动提出画图来帮助顾客记忆，让顾客感觉到你的认真体贴、细致入微）

方法技巧

回答顾客具体细节问题的技巧：
1. 态度要诚恳主动，回答问题时要具体专业；
2. 尽量使用口语化语言，让顾客易懂；
3. 注意询问顾客的感受，目的是要他们理解；
4. 可以利用画图、宣传单等来加深顾客的印象。

举一反三

你目前销售的产品的具体安装流程是怎么样的？
1. _____
2. _____
3. _____

在安装你目前销售的产品前，顾客需要做哪些准备工作？
1. _____
2. _____
3. _____

情景75
我订的货晚了一周还没送到，把订金退还给我吧

常见应对

1. 您先别急，我会帮您反映这个问题的。
   （这是一种典型的客套话，是敷衍顾客的做法）
2. 对不起，这个我们也没办法，送货是总部统一安排的。
   （推卸责任，会加深顾客对品牌的坏印象和不满）
3. 已经发出去了，这一两天就到了。
   （这种说法只会让顾客更加愤怒，觉得你在用空头支票打发他）

引导策略

顾客常常会因为导购的承诺没有兑现而心存愤懑。不遵守承诺确实是一个非常严重的问题，不论商家有什么借口，都只会导致顾客的不满，在这种情况下，任何解释都会让顾客认为是一种借口，让他们更加愤怒。

导购在处理顾客的这类异议时，除了诚恳致歉之外，最重要的就是立即协调各方关系，使顾客预订的产品能够尽快送达，帮助顾客解决问题，让顾客得到满意的答复。导购处理的关键就是及时迅速和满意地解决。

话术范例

话术范例一

👤 导购："不好意思，王女士，真的非常抱歉！因为我们工作的失误没能及时给您送货，给您添麻烦了，请您原谅。是这样的，因为这批产品

当时刚好没有货了，但相关人员以为能够赶得及，所以忘了通知您，真不好意思。我现在马上帮您联系一下，看什么时候能帮您把货送到，您稍等一下。"

导购：（几分钟后）"王女士，我刚才帮您打电话确认了，您的床今晚可以出货，最晚明天下午6：00前就可以送到。实在不好意思，给您添麻烦了。"（顾客的抱怨很多时候都是为了解决问题，一旦问题得到了解决，顾客往往就不会再有什么问题）

话术范例二

导购："刘先生，真的非常抱歉，让您这么远跑来，您先歇一歇喝杯水，我给您问一下，您稍等一下。"

导购：（几分钟后）"刘先生，是这样的，我们在生产家居时遇到了梅雨天气，因为天气潮湿，所用的胶不能及时风干，为了保证质量，厂家不得不延长这批家居的生产期限，所以没能按时送货，给您添麻烦了。生产部那边说，现在这批家居已经制作完成了，后天就能给您送货。"（诚恳道歉，并给出合理的原因，但不要过多纠缠这个原因，以免让顾客认为你在狡辩）

顾客："真是的，那你们也该提前通知我啊，害我白白在家里等了一天。"

导购："真对不起，请您原谅我们工作的失误，为了表示我们的歉意，我送您一份小礼物，以后再遇到这样的问题我们一定会提前通知您的。真的对不起您，请您原谅，绝对不会再出现这种问题了。"

话术范例三

导购："先生，真不好意思，由于送货工人搞错了时间没能及时将家居送到您家里，这是我们工作的失误，非常抱歉给您造成不便，还请您原谅。先生，请您稍等，我现在和总部联系一下，看看如何帮您解决这个问题，20分钟之内一定会给您一个满意的答复。"（让顾客认为你致力于为他解决问题）

导购："我刚帮您确认了一下，明天上午11：00您有时间吗？如果可以，我们就安排工人这个时间为您送货。给您添麻烦了，真不好意思。"

方法技巧

处理顾客关于送货时间问题的技巧：

1. 诚恳承认自己的错误，请求顾客原谅；
2. 解释未能及时送货的原因，再次请求顾客的谅解，但不要过多纠缠这一问题，以免给顾客留下狡辩的印象；
3. 即时帮助顾客解决问题；
4. 询问顾客对于解决方案的意见，并再次请求原谅。

举一反三

当顾客说"原定于 3 天前送到的货现在还没有送到，把订金退还给我吧"，导购该如何解决？

1. _____
2. _____
3. _____

请你试举 3 种导购回答顾客关于未按时送货问题的话术。

1. _____
2. _____
3. _____

情景76
你们的人员在搬运时把送来的货磕坏了

常见应对

1. 这不可能。
   （相当于在说"您在说谎，肯定是您自己弄坏了，想赖我们"）
2. 送货的是我们雇的人，他们出了问题请您去找他们。
   （推卸责任的说法，会让顾客很不舒服，甚至要求退货）
3. 我们从来都没出现过这种问题！
   （是一种典型的强势回答，没有证据，难以让顾客接受）

引导策略

家居建材产品一般体积较大，且不能碰撞，在搬动、运送或安装过程中一不小心就容易出现磕碰损坏现象。对顾客来说，新买的家居被人磕坏，这是他们很难接受的，迫切需要讨个说法。如果这时导购不能给出让他们满意的答复，就会引起顾客的愤怒，甚至要求退货，使交易流产。

在处理这类问题时，导购最重要的是让顾客感受到你为他解决问题的良好态度，首先要安抚顾客的情绪，不论是谁的责任，都要尽快予以处理，这样可以让顾客以平和的态度和你继续沟通。

话术范例一

导购: "先生,我知道您此刻肯定很生气也很着急,这确实是我们工作人员的错。您先别着急,我会尽快帮您协调解决问题的。"(首先安抚顾客的情绪,对他们的遭遇表示同情和理解,并立即着手解决问题)

导购: "先生,我刚才帮您安排了一下,您看,我们明天上午10:00派技术人员到您家里帮您修理可以吗?"(提出解决方案——维修,并征求顾客意见)

话术范例二

导购: "刘阿姨,您先歇歇,别着急,您跟我说说是什么地方出了问题?"

(顾客回答具体送货问题)

导购: "原来是这样啊,那确实是挺闹心的。"

顾客: "谁说不是呢!你说怎么办啊我?"

导购: "刘阿姨您别急,我帮您安排一下,看看怎么帮您解决。您先坐下喝点水,我这就回来。"

导购: "是这样的,刘阿姨,我刚才给我们老板打了电话,说了一下您的情况,我们老板说既然是我们送货人员的失误,我们会为您更换一套全新的产品,您看,周三上午10:00为您送货可以吗?"

顾客: "是这样啊,那好吧,这个时间没问题。"

导购: "实在抱歉,因为我们的失误给您添麻烦了。为了表示歉意,我们赠送您一套小礼品,希望您别因此就对我们的产品失去信心,以后还要请您多多支持我们啊。"

话术范例三

导购: "小姐,实在不好意思,因为我们的失误给您添麻烦了。请您稍等,我马上帮您安排解决这个问题。"

🧑‍💼**导购**:"小姐,我刚才帮您联系了一下,虽然安装人员是我们外聘的,但是为了保护您的利益,我们会先行对您赔付损失的。如果您需要的话,我们会为您更换一个全新的产品,也可以给您折价以减少您的损失。您觉得呢?"(如果是外聘人员的责任,则主动为顾客解决,让顾客感受到你的热心服务)

🔍 方法技巧

顾客投诉送货服务质量时的回答技巧:
1. 对顾客的投诉要第一时间进行处理,不能敷衍顾客;
2. 不要与顾客争执,耐心听顾客描述问题;
3. 安抚顾客的焦躁情绪,表达同理心;
4. 尽快寻求解决问题的方法,让顾客满意。

☕ 举一反三

如果顾客投诉产品的安装有问题,导购该如何解决?
1. _____
2. _____
3. _____

请你试举 3 种回答顾客关于安装质量问题的话术。
1. _____
2. _____
3. _____

情景77
你们送来的货跟我选定的样板不同,材料明显粗糙

➡ 常见应对

1. 不会吧,送的就是您那天看中的那款样品啊。
   (这等于在说顾客说谎,根本就是鸡蛋里挑骨头)
2. 您打电话给送货部门吧,这我们管不了。
   (推卸责任的说法,这种回答只会让顾客质疑你的专业性)
3. 从来没出过这种问题,不会是您看错了吧?
   (过于自信强势,没有证据证实自己的说法)

🧭 引导策略

　　顾客选定的家居建材和实际送到的货物不符,这是一个十分严重的问题,顾客会认为商家偷梁换柱,故意欺骗消费者,从而产生强烈的不满。在这种情况下,顾客会第一时间找导购或商家讨说法。如果导购不能给予顾客满意的答复,就会导致顾客要求退货,甚至造成其他恶劣影响。

　　导购在处理这类异议时,必须站在顾客的立场上对他们的愤怒表示理解,然后询问顾客"货不对板"的具体情况。如果情况属实,导购要诚恳道歉并协调相关部门为顾客换货;如果只是一场误会,那么导购要详细解释造成顾客误解的原因。总之,导购要沉着冷静、有礼有节地为顾客处理问题,使他们得到满意的答复。

话术范例

话术范例一

(假设送的货是一致的,只是顾客的感觉问题)

导购:"先生,我非常理解您现在的心情,请您不要着急,我们一定会给您满意答复的。您先坐一会儿,我帮您了解一下情况。(几分钟后)是这样的,先生,您订购的是××系列中的××款式,您当时选中的是这种浅色的吧?"

顾客:"是的。"

导购:"我刚才核对了一下送货单,为您送的地板确实是这款××,和您现在看的这款地板的样品是一样的,使用的都是同样的枫木板材,没有问题的。"

顾客:"那为什么我摸起来觉得两者差这么多呢,给我送的地板明显要比你们的样品粗糙得多。"

导购:"我当时忘记跟您说了,为了保护样品,我们已经对这块地板的表面做了处理,涂了一种保护漆,所以看起来会更亮也更光滑。而为您送去的产品是没安装的,并没有进行这种处理,可能会让您认为不是同一种材料制作的。其实您不用担心,我们的安装工人会在工程最后为您的地板涂上这种保护漆,以确保您购买的产品和我们展示的样品一致。"(解释问题,获得顾客的认可)

话术范例二

导购:"陈先生,实在抱歉,这都是我们工作的失误,因为我们的产品发货时都是随机发送的,可能库房人员在最后没有把好关,给您添麻烦了,实在不好意思。您看这样成不成?我们立即帮您更换一套同样的产品,马上安排人为您送货,这回我一定告诉库房人员好好检查,避免再发生类似的问题。为了表示我们的歉意,我们送您一套厨具吧。真是不好意思,给您添麻烦了。"(主动承认错误,并为顾客安排换货服务)

方法技巧

回答顾客关于送的货与样品不一致问题的技巧：

1. 因为送货的产品是未完成品，需要工人进一步安装加工，处理后的产品和样品是一致的；

2. 暗示这是顾客的错觉，我们为了避免以次充好的现象出现，已经在发票上标注了产品的等级，如果顾客不满意可以进行检验，一旦发现问题我们会予以更换或赔偿；

3. 承认是由于自己工作失误而给顾客添麻烦，并立即着手解决，为了向顾客致歉，可以使用送赠品或其他优惠手段来平息顾客的不满。

举一反三

如果顾客认为送来的货品与门店样品不一致，导购该怎么处理？

1. _____
2. _____
3. _____

如果顾客怀疑商家以次充好，要求更换，导购该如何处理？

1. _____
2. _____
3. _____

情景78
你们的工人不专业，我要求更换更专业的人员

常见应对

1. 不会啊，我们的工人是很专业的。
   （这种回答没有证据，很难让顾客认同）
2. 这个我也没办法，工人都是公司派的，我们管不了。
   （推卸责任的说法，会让顾客觉得你不负责任）
3. 有这回事？怎么不专业啊？
   （这会让顾客觉得导购在幸灾乐祸，唯恐天下不乱）

引导策略

顾客投诉安装工人不专业，很大程度上是由于以下几个原因：一是安装工人的服务工作不专业，给安装造成了损坏；二是安装工人的态度不够好，不能认真工作，导致装修出问题。这都是十分严重的问题，导购必须严肃处理。

在处理这类异议时，导购必须严肃认真对待，不能拖延、敷衍。如果顾客的要求是合理的，导购应该立即上报领导，要求及时更换施工人员；如果问题是因为误会造成的，导购应该解释清楚，调解矛盾，让顾客满意。

 话术范例

话术范例一

导购:"先生,是的,一切都是我们的错,是我们管理不善,给您添麻烦了。您能给我具体说说是什么问题吗?"(安抚顾客情绪,并寻找问题出现的原因)

顾客:"你们的工人不能按约定的时间施工。"

导购:"是这样啊,我明白了。我们一定会及时处理的,我一会儿跟安装部的工作人员和施工的工人说说这个问题,提醒他们一下。如果问题还没有解决,我们会为您更换更负责的安装人员。实在不好意思,给您添麻烦了。"(即时处理,让顾客满意)

话术范例二

导购:"实在抱歉,这都是我们工作的失误,我们愿意承担所有责任。您能给我具体说说是什么问题吗?"

顾客:"你们的工人在铺玻化砖时,在砖面上留下了黑黑的皮榔印,我用盐酸都擦不掉。"

导购:"是这样啊,我明白了,我非常理解您现在的心情。我们这就安排最有经验、最细心的工人为您善后,估计1个小时后就可以到您家,请您不要着急,一定保证您家里的装修效果。"

话术范例三

导购:"王先生,我非常理解您现在的感受,出现这样的事情确实挺闹心的。不过为了更好地解决问题,我们必须先了解事情的根源,您能跟我说说具体情况吗?"

顾客:"你们工人在施工时不认真工作,把我们家弄得乱七八糟。"

导购:"哎呀,这都是我们管理不到位,真不好意思,给您添麻烦了。您放心,我马上重新安排工人为您施工,一定把您的问题反映给安装部门,看看是扣奖金还是扣工资,督促他们给您一个说法。您看这样成

吗?"（立即处理，让顾客出气）

顾客："我倒不是这个意思，扣工资就不用了吧，教育批评一下就行了。"

导购："您真是一个好人，我一定把您这话告诉他们。王先生，要不您再给他们一次机会为您服务，我相信这回他们一定会让您满意的。"

方法技巧

解决顾客关于工人服务不专业的投诉的技巧：
1. 不管是什么问题，首先向顾客道歉，承认是自己工作的失误；
2. 尽可能了解问题发生的原因，以便寻求解决问题的办法；
3. 第一时间予以处理，将影响降到最低；
4. 保持良好的态度，绝不与顾客争执。

举一反三

如果顾客投诉安装工人的态度不好，导购该如何处理？
1. _____
2. _____
3. _____

如果顾客投诉安装工人来安装时把家里弄得一团糟，导购该如何处理？
1. _____
2. _____
3. _____

情景79
安装后我如何进行验收？有哪些验收的标准

常见应对

1. 这我也不是很清楚，我不是专业人士。
   （导购认为自己不是专业安装人员，无须了解验收知识，这是非常错误的想法，只会让顾客怀疑你的专业能力）
2. 到时候我们的安装负责人会给您具体介绍的。
   （这是一种推卸责任的说法，非常不负责任）
3. 通常来说，验收的标准是……具体详细地介绍验收标准。
   （这是十分有效的回答，容易被顾客接受和认可）

引导策略

顾客提出关于安装后如何验收这类问题时，往往意味着顾客对导购的为人和专业度都是比较信任的。因为安装后如何验收这个问题对顾客来说是十分重要的，毕竟多数顾客都不是装修方面的专业人士，并不清楚什么样的标准才是好的安装服务，所以也就非常希望导购能给予他们有用的建议。

在处理这类问题时，导购必须表现得十分专业才能不负顾客的期望，导购的回答要专业、详细、具体，同时还要通俗易懂，这样顾客才容易理解和操作。要成为一名专业导购，需要导购对家居建材知识长期积累与学习。

话术范例

话术范例一

导购:"是的,先生,地板的铺装验收工作十分重要,这直接关系着使用效果和地板的寿命。我给您简单说一下,验收的标准主要有这么几点:第一,检查龙骨、垫木是否做过防腐处理;第二,检查地板面的铺钉是否牢固,有没有松动、空鼓;第三,检查地板之间的接缝是否紧密,接头位置是否错开,用脚踩一下感觉有无松动、声响;第四,检查地板表面是否刨平、磨光、无创痕,图案是否清晰,清油层面的颜色是否一致,图案方向是否正确;第五,要检查踢脚板的接缝,表面高度应该和出墙厚度一致,您可以用2米的靠尺检查,一般标准是地面平整度误差小于1毫米,缝隙宽度小于0.3毫米,踢脚板上口平直度误差小于3毫米,拼缝平直度误差小于2毫米;最后,检查地板的硬木表面,是否是由中间向四周铺钉,木地板与墙面是否留出了5~10毫米的膨胀间隙,是否由墙脚线将这一间隙压住;此外,您还应检查木地板表面打磨的光滑度。这些内容在我们品牌的验收单上都有。"(具体、翔实地介绍地板的铺装验收标准,展示专业知识)

话术范例二

导购:"是的,先生,我给您详细介绍一下门窗的验收标准吧。第一,您应该检查门窗的安装位置、开启方向以及连接方式是否符合设计要求;第二,您要检查安装是否牢固,开关是否灵活,门窗是否能关严,有没有走扇、翘曲现象;第三,查看板门是否有脱胶、刨透表层的现象;第四,检查门窗框和墙体间隙的填嵌材料是否饱满,符合要求;第五,检查门窗表面,不得有刨痕、锤印,割角拼缝是否严密平整,框扇裁口是否顺直平整,压缝条、密封条与门窗的接合是否牢固、严密。我可能说这么多您也记不全,不过没关系,我们在交工时会请您签字验收的,验收单上已经详细列明了这些验收标准,您到时候只要一一核对并签字就可以了。"

话术范例三

导购:"我们的橱柜产品是为您上门安装的,您在验收时可以主要

检查连接固定部件的卯、榫、钉,接触点的两面涂胶,以及部件间的组装连接。此外您还要注意产品的五金配件是否和设计图一致,螺丝孔是否畅通,拆卸是否方便;门板高低是否一致,中缝宽度和拉手是否处于同一水平线上;台面是否光滑、无划痕;上下水连接是否通畅;最好再检查一下抽屉,拉开抽屉20毫米左右,能自动关上的话,一般说明承重能力较强,质量优秀。"

方法技巧

介绍验收标准的内容:

1. 专业、具体,要让顾客感觉到你对这类问题了如指掌,更加信任你的专业能力;

2. 突出几个需要注意的重点和顾客易忽视点,比如地板的打磨光滑度、橱柜的抽屉等细节;

3. 最好能告诉顾客合格、优秀的标准分别是什么;

4. 如果有条件,可以将这一标准形成文字,更容易解决问题,让顾客感到你的周到。

举一反三

你所销售的产品安装后的具体验收标准有哪些?

1. _____
2. _____
3. _____

当顾客询问你销售的产品安装后如何验收时,你会如何回答?

1. _____
2. _____
3. _____

情景80
安装完毕验收合格后的保修期是多久？如果出现质量问题怎么办

常见应对

1. 我们会在第一时间安排售后服务人员到您家里为您服务。
   （强调第一时间，让顾客安心）
2. 3个月之内产品出现问题可以免费更换，3年之内为您免费修理。
   （解释产品的三包规定）
3. 我们的家居提供终身服务。
   （这种回答又大又空，会让顾客不清楚到底有什么服务）

引导策略

售后服务是家居建材厂商给顾客提供的长期保障，毕竟一件家居要用十几年甚至几十年，一旦家居出现问题，如果没有妥善的售后服务就会很麻烦，现在的顾客也越来越重视家居建材产品的售后服务，因此导购可以把售后服务当作一个销售的撒手锏。

在处理这种问题时，导购要向顾客详细介绍公司售后服务所包含的各项具体内容，比如产品的保修期限、退换条件、范围、服务标准等，目的就是让顾客对你的服务放心、安心。

话术范例

话术范例一

导购："先生，请您放心，我们的售后服务是很好的。我们的地板免费保修3年，您铺装了我们的地板后，一旦出现小裂缝或是其他问题，您只要打一个电话，我们的售后服务人员就会在第一时间到您家里为您处理。这些瑕疵经过专业人士处理后，肉眼是完全看不出来的，您完全可以放心使用。当然，这都是后话，我们更希望您家里的地板一直都好好的，这样我们都省事。其实您只要保持室内环境的干湿程度不发生太大变化，平时注重保养，一般是不会出现问题的。在打扫时最好用纯棉干软的拖把擦地，也可以使用专门的地板蜡，千万不要用热水、碱水、消毒水擦洗。"（介绍售后服务，并向顾客讲解如何保养产品能延长使用寿命）

话术范例二

导购："刘阿姨，您放心，您买我们的家居不就是图一个安心吗？在您购买我们产品之后的1周以内，您可以无条件退换货；如果3个月之内您发现产品出现了质量问题，我们可以为您更换全新的产品；3个月到3年内我们提供免费的维修服务，出了问题只要一个电话，我们就会有专人为您上门服务；终生提供保修服务，只收取适当的材料费。绝对让您满意。"

话术范例三

导购："您这个问题问得很好，我们的家居是提供终身服务的。"（提出问题，引起顾客的兴趣）

顾客："终身服务？"

导购："是的，也就是说，无论您什么时候需要售后服务，都能得到满意的答复，只要您一个电话我们就会派专人上门服务，而且每次服务完毕后都会对您的家居进行一次保养呢！"

顾客："那我就放心了，这家居可要用好几年，出了什么问题自己真不好解决。"

导购："那可不是，所以您的事由我们来办，只要您记得给我们打电话，我们就会让您满意。"

顾客："那太好了！"

方法技巧

介绍售后服务的技巧：

1. 详细具体地介绍公司的售后服务规定；

2. 突出某种售后服务的价值，比如即时、退换、终身等；

3. 告知顾客家居产品的保养方法，实践证明，很多家居建材产品出问题都是因为使用不当，提前告知其使用时的注意事项，可以有效减少出现问题的概率。

举一反三

请列举 3 种以上你销售的品牌的售后服务卖点。

1. _____
2. _____
3. _____

请你试举几种回答顾客关于产品售后服务的问题的话术。

1. _____
2. _____
3. _____

处理顾客诉怨
实战情景训练

顾客投诉是一把双刃剑，处理得好可以有效提升品牌美誉度与顾客忠诚度，而处理不好则会撵走顾客并毁坏品牌形象。因此，导购在处理顾客的诉怨时，应尊重和理解顾客的做法，用真诚、细致、周到的服务赢得顾客的忠诚和好口碑。

情景81
你们送来的产品表面有色差,我要退货

常见应对

1. 不会吧,我们出厂前都是经过检验的。
   (这种话的潜台词就是"顾客在说谎,没事找事")
2. 可能是您房间的光线问题,换个角度摆放也许就没事了。
   (找借口,难以被顾客接受)
3. 这是特价产品,一经售出,不能退还。
   (这等于在说"谁叫你买的时候不看好,现在出了问题自认倒霉吧")

引导策略

顾客常常会因为购买的家居建材产品的质量问题而向商家投诉,投诉内容包括质量差、功能欠缺、实际情况和导购介绍不符等。如果导购不能很好地解决这些问题的话,就会出现顾客不满而要求退换货的情况。

在处理顾客因产品表面有色差的投诉时,聪明的导购应该将公司的利益和顾客的利益综合考虑,找到二者的最佳结合点,在获知顾客退换货的原因后,以投石问路的方式找到既让顾客满意又能符合公司利益的解决办法。

话术范例

话术范例一

导购："先生，我很理解您现在的心情，也很愿意帮助您解决问题，您能给我说说具体的情况吗？"（认同顾客的感受，表示愿意提供帮助，然后耐心地倾听顾客的抱怨）

导购："嗯，我明白您的意思了，实在抱歉，我们给您添麻烦了。不过您放心，出了这种问题我们一定会负责到底，您看这样可以吗，我们马上安排送货人员为您重新送货？"（立即着手解决问题，让顾客接受你的更换产品的方案）

话术范例二

导购："张大姐，真对不起，因为我们的失误给您添麻烦了，您能给我说说具体是什么问题吗？"

顾客："我买的这个衣橱的面板颜色不一样，一个深一个浅，太难看了。"（顾客并没有主动提出退货，一般来说他们希望导购能在价格上对他们给予补偿）

导购："原来是这样，确实，这会对您卧室的整体美观造成很大的影响，您看我们是为您更换一款全新的呢，还是给您打折予以补偿？"（提出选择，征求顾客的意见）

顾客："重新送货太麻烦了。"（顾客明显倾向于打折补偿）

导购："我们倒是不麻烦，就是怕您麻烦。其实如果色差不是很大的话，您可以将衣橱放在背阴处，避免阳光直射，这样的话不太容易发现颜色差别。那您看这样成不，我们给您打×折，退还给您300元？"（提出打折的方案，满足顾客的要求）

话术范例三

导购："女士，真对不起，这都是我们工作的失误，您看这样成不成，我们帮您重新调换一套全新的产品吧？"

顾客："这样啊，就没有别的方法吗？"（这种说法一般意味着顾客对导购的处理意见不满意）

导购："那您的意思呢？"

顾客："其实我也并不是一定要你们赔偿我，只不过希望你们能提出最合理的解决方案。"（顾客一般说不……时，正是他们希望的，也就是说顾客希望商家赔偿）

导购："那您看这样成不，我们除了为您更换全新的产品外，额外再送您一张 300 元的××购物卡，作为我们对您的补偿。您看如何？"

方法技巧

处理顾客投诉的一般流程：

1. 有效倾听，接受顾客的批评，一定要让顾客彻底发泄，本着"有则改之，无则加勉"的态度来对待顾客的不满；
2. 诚恳道歉，平息顾客的不满；
3. 了解顾客的投诉原因，立即提出解决方案。

关于产品质量问题的投诉的处理方法：

真心实意地道歉，并按承诺给予退换、赔偿，同时赠送额外的礼物赔偿损失。

举一反三

请你举出 3 种向顾客道歉的话术。

1. _____
2. _____
3. _____

如果顾客投诉新产品有质量问题，导购该如何回答？

1. _____
2. _____
3. _____

情景82
你们的产品质量太差了，才用了两周就出现裂痕

常见应对

1. 不会吧，是不是您没有按照正确的方法使用啊？
   （这等于是说"顾客你诬陷我们，根本就是你的责任"！）
2. 从来没出现过这种问题。
   （这种话没有凭据，况且虽然从来没出现过，但现在也有可能出现）
3. 这是我们的责任，我们会负责到底的。
   （导购仅仅做了承诺，但没有说具体如何解决）

引导策略

产品出现质量问题，除了产品本身的问题外，也有可能是因为顾客使用不当造成的，因此导购必须了解这种损坏出现的原因，到底是产品本身的问题，还是由于顾客使用不当造成的，然后再对症下药予以解决。

处理这类异议时，不论是不是商家的原因，都要首先向顾客道歉，接下来试着去了解出现这种问题的原因，并提出解决方案。一旦发现真的是顾客使用不当造成的，也要尽可能帮助顾客弥补，而不要指责顾客、推卸责任。

话术范例

话术范例一

导购："先生，实在对不起，给您添麻烦了！为了解决问题，我能

了解一下具体情况吗？"（了解原因）

顾客："我打扫之后没过几天就发现墙上出现了道裂缝。"

导购："先生，您是不是用水擦过墙啊？"

顾客："是啊，怎么了？"（问题正是出于此）

导购："是这样的，先生，这都怪我当时没跟您说清楚，这种涂料是最怕受潮的，不过没关系，我会尽快安排工人帮您处理，一定会让您家的墙壁光洁如新，包您满意。请问您什么时间方便，我派工人过去。"（提出解决方案）

话术范例二

导购："出现这种问题，实在不好意思，请您跟我说说，具体是怎么回事？"

顾客："我刚在你们这买的玻璃茶几面上出现了很多裂纹。这才用了几天啊，你们的质量也太差了。"（一般玻璃出现裂纹很可能是受热不均导致的）

导购："是这样啊。那您平常都在茶几上放什么东西啊？"

顾客："还能放什么，不就是一些糖果、点心、茶壶茶杯之类的。"

导购："那您是不是直接用沸水泡茶啊？"

顾客："那当然了，不然怎么泡得开啊。"

导购："那您有没有在茶壶下面垫上杯垫啊？"

顾客："没有啊，还要垫吗？"

导购："这都怪我没能提前告诉您，玻璃很容易因为受热不均而出现裂缝，所以要用杯垫隔热，才能保护茶几不出问题。既然问题已经发生了，我立即帮您安排工人修理一下吧，帮您换一块全新的茶几面板，您看这样成吗？"

话术范例三

导购："先生，我十分理解您的心情，如果我是您也会这么想，新买的家居就出了问题确实是一件闹心的事。不过我得跟您解释一下，天然生长的木材都会出现裂缝，实木家居出现裂缝其实是一个十分正常的现象。如果您不喜欢，我现在马上安排维修工人到您家里帮您处理一下，您看您什么时候方便？"（一般来说，实木家居出现细小的裂缝是很正常的现象）

方法技巧

因为顾客对产品使用不当而造成损害的回答技巧：

1. 诚恳道歉，就自己没有提前告知顾客使用时的注意事项而引起损害道歉；

2. 解释引起这种问题的原因，如受潮变形、受热不均导致裂缝等；

3. 提出问题的解决方案，如更换、修理等，做出让顾客满意的答复。

举一反三

如果顾客提出新买的家居变形了，导购该如何回答？

1. _____
2. _____
3. _____

如果顾客提出新买的家居变色了，导购该如何处理？

1. _____
2. _____
3. _____

情景83
你们的售后服务电话我连续打了3个小时才打通，你们是怎么搞的

常见应对

1. 不会吧，您是不是拨错号码了啊？
   （推卸责任，会引起顾客的反感）
2. 真不好意思，我们的工作人员太少了。
   （这等于承认顾客的指责，而且没有解决任何问题）
3. 您还真执着。
   （这种回答会让顾客觉得你幸灾乐祸，看他们笑话）

引导策略

顾客的这种投诉往往只是一种抱怨，是他们发泄怒气的一种形式。尤其是投诉服务态度等问题时，他们并不是期望通过这种投诉解决什么问题，而是希望让自己的怒气有一个出口，一旦这口闷气出了，他们就心平气和了。

在处理这种问题时，导购要做的就是耐心倾听，接受顾客的批评，不论是什么原因导致这种现象，都不要和顾客争辩。你必须仔细倾听顾客的诉说，不能中途打断他们的陈述，否则，只会招来他们更大的怒火。

话术范例

导购："先生，对不起，这都是我们的错，没有及时接听您的电话，

耽误了您的时间，给您添麻烦了。真不好意思。以后我们一定会注意的，请问您有什么需要我帮助的呢？"（诚恳道歉，并表示类似情况不会再出现）

话术范例二

导购："真对不起，小姐，耽误您的时间了，我以后一定向公司建议再多安排一些客服人员，以避免今天这种情况再次出现。我再次向您道歉，希望您能原谅我们这次的失误。请问您有什么需要我帮助的呢？"（诚恳道歉，冷静聆听顾客不满的原因，稳定顾客的情绪）

话术范例三

导购："非常抱歉，耽误您的时间了，这都是我们的错，给您添麻烦了。虽然电话线路的问题是客观原因造成的，但我们还是有不可推卸的责任，希望您能谅解。请问我能帮您做点什么？"（解释问题，并诚恳道歉）

 方法技巧

常见的电话打不通的原因：

1. 线路忙，客服人员不够；
2. 电话线路的问题；
3. 工作忙，没能及时接听。

顾客质疑电话打不通时的回答技巧：

1. 诚恳道歉，耐心倾听顾客的抱怨，给顾客一个发泄的机会；
2. 解释出现问题的原因，但不是找借口，如果没有什么可辩解的，最好少说话；
3. 承诺这种现象不会再发生，并询问顾客需要什么服务。

举一反三

请列举3种以上导致电话打不通的原因。

1. _____

2. _____
3. _____

当顾客抱怨售后服务电话打不通时,导购该如何回答?

1. _____
2. _____
3. _____

情景84
你们派来装修的是什么人啊，刚走几天水管就漏了

➡ 常见应对

1. 我们安装的时候是好的。
   （推卸责任的回答，会激怒顾客）
2. 这是你的问题，因为……
   （推卸责任的说法，与顾客陷入争辩的怪圈）
3. 装修工人是外聘的，我们管不了。
   （推卸责任，顾客会认为商家不值得信任）

引导策略

顾客投诉装修工人的服务质量是一个必须认真对待的重要问题，在所有投诉中，对于装修质量的投诉是最要命的，很可能会损害企业的口碑，如果不能及时进行令顾客满意的处理，就会失去更多的顾客。

处理这种问题，导购绝不能推卸自己的责任，而是要在第一时间予以处理，尽可能将影响降到最低。如果导购不能真心实意地为顾客解决问题，而只是找借口敷衍，就会产生比质量问题更严重的后果。

话术范例

话术范例一

导购："先生，我很理解您现在的心情。请您放心，我们马上派人到您家为您修理，尽快为您解决问题。您看这样成吗？"（立即处理）

顾客： "修理就完了啊，把我们家厕所都淹了。"

导购： "现在最重要的是尽快修理好您家的水管，以免问题越来越严重。请您放心，我们一定会负责到底，给您造成的损失我们会照价赔偿的。"（立即解决问题，并承担赔偿责任）

话术范例二

导购： "大姐，您先别着急，我明白您说的问题了，我们马上派人帮您修理，尽快帮您恢复原状。现在是上午10：00，我们1个小时后就能到您家，您家里现在有人吧？请您等着我们，我们马上就到。"（立即行动，可有效减少顾客的不满）

话术范例三

导购： "先生，我明白您的情况了，我们现在就派人过去处理。如果不能修理好，我们会为您更换，请您放心，一定会让您满意的。如果我们的工作人员查明确实是因为安装人员的疏忽给您造成损失，我们一定会做出让您满意的处理。请您再跟我确认一下您家的地址……"（立即处理，并承诺承担责任）

方法技巧

诚恳道歉，立即处理问题，提出让顾客接受的解决方案。

关于安装质量的投诉的有效解决方案：

1. 立即派人上门修理；
2. 更换全新产品；
3. 赔偿顾客损失；
4. 处理直接责任人。

举一反三

如果顾客提出商家派来的安装工人刷过的房屋漏水，导购如何做出让顾客满意的回答？

1. _____
2. _____
3. _____

如果顾客提出卖方派人安装的地板出问题了，导购该如何回答？

1. _____
2. _____
3. _____

情景85
非产品质量原因顾客坚决要求退货

常见应对

1. 您这个人怎么这样，不讲道理啊。
   （这种应对会激起顾客的怒火，将事态扩大）
2. 如果不是质量问题，我们是不能退换的。
   （这是一种常见的回答，但过于生硬，不容易被顾客接受）
3. 您赖在我们这也没办法，要是所有顾客都像您这样，我们还要不要做生意啊？
   （这是对顾客赤裸裸的人身攻击，会引起顾客强烈的反抗）

引导策略

顾客的要求并不高，他们希望得到的只是最基本的理解与尊重。他们一般不会无缘无故地要求退货，必然有什么问题使他们不能容忍。如果不能彻底解决，只会让顾客向更多的人传播对我们不利的信息。

在这种情况下，导购要和顾客进行沟通，不论退不退货，都要明确责任方是谁，否则就会让顾客觉得是我们理亏，进而散布对我们不利的言论。如果沟通后顾客还是不能理解，仍然坚持要求退货，可以引导他们用其他方式代替退货。

话术范例

话术范例一

（备注：首先要了解是什么问题导致顾客要求退货）

导购："先生，实在不好意思，这种情况也是我们不想看到的，不过您放心，只要是我们的问题，我们一定会负责到底。这套家居在您当时买的时候还没出现您说的这个问题，而且依照您刚才说的，恐怕问题还是出现在您的使用过程中。对于这种非质量问题，我们确实不好处理，因为公司规定非质量问题是不能给您退货的。不过作为我个人还是希望能帮助您。其实要解决这个问题也不麻烦，我现在立即安排人为您免费修理，一定确保您的正常使用。您看成吗？"（和顾客进行沟通，明确问题的责任方，尽可能满足顾客的要求，但要坚持我们的立场）

话术范例二

导购："新沙发刚搬回家就出现这种问题，说实话我们心里都不好受，而且您又花了那么多钱，肯定心里更不舒服。您放心，只要是质量问题，我们一定会负责到底的。不过您也看到了，经过检查，确实不是沙发的质量问题，所以真的非常抱歉，我们没有办法为您更换，希望您能理解。不过我希望尽可能帮助您解决这个问题，我们尽快安排人员上门修理，尽可能帮您恢复原状，您看这样好吗？"（责任不明确时，导购要尽可能帮助顾客处理，以解除顾客的后顾之忧）

话术范例三

导购："小姐，您千万别着急，我一定会为您解决这个问题的，请您放心。我先去问问我们经理，看能不能破例帮您处理，请您稍等。（几分钟后，返回）小姐，我们老板说了，考虑到您对我们产品的支持和厚爱，这次就给您破例更换一套全新的，我马上帮您安排调换，可能需要一两天的配送时间，实在不好意思。其实这种产品一向卖得非常好，从来没出现过这种问题，这次我们一定要好好检查，看看究竟是什么问题。实在抱歉，小姐，给您添麻烦了。"（强调破例，让顾客觉得自己与

众不同）

方法技巧

顾客因非产品质量问题导致的损坏要求退货时的处理方法：

1. 和顾客进行沟通，了解问题出现的原因和现象；

2. 明确责任，对于自己的责任要勇于承担；

3. 不论责任在哪方，都要尽可能帮助顾客协调解决，能修理的就修理，不能修理的就更换。

举一反三

如果顾客提出不喜欢所购买的产品而要求退货，导购应该如何处理？

1. _____
2. _____
3. _____

如果顾客提出产品掉色，但在收货时却没有这个问题，导购如何解决？

1. _____
2. _____
3. _____

情景86
你们的客服态度太差,没帮我解决问题还挂我电话

常见应对

1. 不会吧?是不是您态度不好啊?
   (这明摆着就是说"因为顾客态度不好,我们才态度不好")
2. 您记下工号了吗?我们会调查的。
   (这种回答有敷衍顾客之嫌)
3. 真的啊?您说什么了,让他挂您电话?
   (这种回答会让顾客觉得导购幸灾乐祸,唯恐天下不乱)

引导策略

顾客投诉客服人员态度意味着他对品牌的整体印象变差,一个态度不好的客服人员可以轻易使导购、送货安装人员付出的努力化为乌有,甚至起到反效果,把企业本来已经获得的80分变成0分。

因此,导购现在要做的工作就是把已经归为0分的成绩重新带回到80分甚至更高。你要认同顾客的感受,让他们认为你是真的在为他们着想,站在他们的角度考虑问题,化解他们的怒气。这样一来,他们会更容易认同你提出的解决方案。

话术范例

话术范例一

导购:"先生,是的,我很理解您的心情,这都是我们工作人员的

错,不管怎么样,我们都不能先挂顾客的电话。您这个问题我一定会向我们主管反映的,以后绝对不会再出现这种情况,这次的事还请您谅解。先生,我能帮您做点什么呢?"(诚恳道歉,并帮助顾客解决问题)

话术范例二

导购:"太对不起了,我们的工作人员太不懂事了,怎么能挂顾客的电话呢?!您放心,我们一定要调查这件事,如果查到是哪位客服人员,绝对要扣他这个月的奖金,让他长长记性,看他以后还敢不敢挂顾客电话。您消消气,别跟他一般见识了,我能帮您做点什么?"(替顾客出气,这时他就会认为你是他的知心人)

话术范例三

导购:"实在不好意思,这都是我们的错,是我们对客服人员管理不善才会出现这种现象,让您不高兴了,我在这里代我们的工作人员跟您道歉(鞠躬)。为了向您道歉,我们赠您一张我们产品的××元的代金券吧,希望您以后还能多多支持我们的品牌。"(给予顾客补偿)

方法技巧

诚恳地向顾客道歉的技巧:

1. 诚恳认错,不管是不是我们的责任,首先都要向顾客认错,要记住,顾客永远是对的;
2. 不做无谓的解释,有时候解释就是辩解,更容易激怒顾客;
3. 耐心倾听顾客的诉说,让他们充分发泄;
4. 在可能的情况下,对顾客做出补偿,让他们感觉自己得到了尊重。

举一反三

请列举5种导购需要道歉的情况。

1. _____
2. _____
3. _____

4. _____
5. _____

导购如何向顾客诚恳道歉？请举出几种具体的话术加以说明。

1. _____
2. _____
3. _____

情景87
你们的维修收费太不合理了

常见应对

1. 我们一向都是这个标准。
   （强势的回答，容易引起顾客的不满）
2. 我们的维修收费比A品牌低多了。
   （这种说法没有凭据，很难让顾客认同）
3. 这已经是很合理的收费了。
   （等于在说"您懂不懂啊，少见多怪"）

引导策略

家居建材产品都有保修期，当产品过了保修期出现故障时，如何避免昂贵的配件费用、修理费和上门费是很多顾客十分关注的问题，一个合理的保养维护价格会吸引更多消费者，让他们对这个品牌长期忠诚。

导购在处理顾客关于维修费不合理的投诉时，最重要的就是解释费用的具体构成，让顾客了解到这样的收费标准是合理的，让他们感觉到物有所值，甚至物超所值。这样才能获得他们的认可，让顾客成为品牌的忠实支持者。

话术范例

话术范例一

导购："先生，是的，如果我是您也会有这种想法，不过仔细算下

来我们的维修收费还是十分合理的。毕竟您要修理的是传统的红木家居，修理过程非常复杂。而且您肯定也知道，修理这种传统红木家居时不仅要形似，更要保留它固有的老家居的神韵，否则这种修复就会演变成一次破坏。而我们的修理人员是有30年红木家居制造修理经验的老手艺人，对老式红木家居的修复很有心得，可谓行业翘楚，经他手修复的老式家居不仅能完整如初，更可贵的是能保存下来那独具一格的风韵气质。您也是行家，肯定知道请一位有经验的专家修复保养红木家居是一件划算的事。姑且不论它是否能够增值，至少也能还原这种家居的神韵吧。您说对吧？"
（强调修理的技术、工人经验、使用的材质珍贵等）

话术范例二

导购："李大姐，我很明白您为什么这么说，因为我们很多顾客也和您有过同样的疑问，但他们后来都改变了这种看法，您知道为什么吗？"

顾客："为什么？"

导购："因为了解我们的修理流程之后他们就发现，其实我们的价格一点也不贵。"

顾客："是吗？那你们的修理流程是怎么样的？"

导购："我给您简单介绍一下吧。我们整个修理流程分为五步：第一步是清洗，这样可以彻底清洁用过的旧家居；第二步是去漆，把损坏的位置用细砂纸轻轻摩擦；第三步是整修，修理损坏的部位；第四步是精打磨，以便上蜡或是上漆；第五步是做漆面，保持家居的光洁如新。"（介绍流程，突出流程的复杂性）

顾客："这样确实挺烦琐的。"

导购："是啊，但这样是值得的，经过这样处理后的家居看上去和新买的家居差不多，效果特别好。这样看来，虽然我们的维修费用略贵一些，但是非常值得的。"

话术范例三

导购："您这个问题问得很好，我们的家居保养费用确实不低。我们实行的是会员制，您每年需要缴纳一定的会费，一旦家居出了问题或是需要保养，您只需打一个电话，我们就会派专人上门维修保养，不需要您

再额外花钱。"

顾客："那如果我的家居没有坏，我不就白交钱了吗？"

导购："您这样想也很有道理，但其实并不是这么回事。毕竟您购买的是高档家居，使用了××材料，它比一般家居使用的材料要娇贵得多，需要您定期保养，这样能保证您更好地使用，并延长其使用寿命。如果您不注重家居的保养，这种家居会出现……（因保养不当出现的问题）一般来说，这种家居最好3个月左右就彻底保养一次，一年保养4次左右。实话告诉您吧，您缴纳的这些会费还不到我们两次的保养成本，如果不信，您可以问问其他公司的保养价格。我们之所以这么做，就是为了回馈老顾客的一贯支持。"

方法技巧

回答顾客关于维修收费过高的问题的技巧：

1. 强调我们的维修人员是有经验的专业人士，能更好地恢复特殊家居的神韵，保留家居的特色；

2. 强调我们维修的独特工艺、技术、材料、流程等，这样可以更好地修复家居；

3. 可以适当透露一些内部消息来证明我们的价格实际并不高。

举一反三

在实际工作中，你是如何处理顾客投诉的？

1. _____
2. _____
3. _____

如果顾客认为维修费用不合理，导购该如何回答？

1. _____
2. _____
3. _____

情景88
如果1周之内还解决不了，我就去消协投诉你们

🔄 常见应对

1. 那您就投诉去吧！
   （典型的"死猪不怕开水烫"的回答，火上浇油）
2. 这事我们管不了，谁能管您找谁去吧。
   （推卸责任的说法，只会让顾客更愤怒）
3. 您这人怎么不讲道理啊，我们负责不了的事怎么帮您解决啊！
   （这种说法指责顾客不近人情，会让他们更不满）

🧭 引导策略

　　顾客的这种投诉一般可能针对3个方面：第一是商品的质量；第二是店铺的环境、设施、样品；第三是导购服务、态度。不论是哪种原因，都会引起顾客的愤怒。如果解决不当，就会导致非常严重的后果。

　　不论是何种原因引起顾客投诉抱怨，导购都要认真对待，站在顾客的角度考虑问题，不能推诿搪塞，更不能责怪顾客。首先要巧妙道歉，平息顾客的不满，然后再针对不同情况给予解释。导购要牢牢记住，此时你代表的不只是你个人，而是整个店铺和企业品牌。

话术范例

话术范例一

导购："先生，真是对不起，不管怎么样，我必须得跟您道歉，因为我们工作上的失误给您添麻烦了，太对不起您了。您放心，一旦检验结果出来，我们立即第一时间通知您，我们一定会给您一个合理的解释。只要是我们的责任，该退换的退换，该赔偿的赔偿，我们绝对不会推卸责任。"

话术范例二

导购："李大姐，是的，我明白，如果我是您，肯定比您更生气。您放心，您的事就是我的事，我一定会帮您盯着的，一周之内我们肯定会把一套全新的产品送到您府上。您消消气，喝杯水吧。"（将心比心，让顾客信任你）

话术范例三

导购："是的，都是我们的错，您一定得给我们一次改正错误的机会，我们还要谢谢您愿意指出我们的错误。您放心，一周之内我们一定会给您一个满意的答复。太谢谢您了。"（感谢顾客的投诉，化解顾客的怒气）

方法技巧

有效处理顾客投诉的方法：

1. 承诺在顾客提出的时限内一定给予满意的答复；
2. 感谢顾客的投诉，这是顾客关注我们、愿意帮助我们进步的表现；
3. 诚恳道歉，平息顾客的怒火，将心比心，让顾客认为你站在他们的角度为他们考虑。

举一反三

如果顾客提出不退货就要向消协投诉,导购该如何处理?

1. _____
2. _____
3. _____

当顾客说"不解决我的问题我就要登报曝光你们"时,导购该如何回答?

1. _____
2. _____
3. _____

后 记

本书能够顺利出版，经过了很多人的艰辛努力，得到了众多良师益友的鼎力支持和帮助。

首先，本书在策划及出版过程中，得到了中国经济出版社领导和中国营销学会丁一会长及整个编委会成员的大力支持，特别是中国经济出版社教育教材中心主任徐子毅编审和崔姜薇编辑的辛勤劳动与多方协调，谨向他们表示最真挚的感谢！

同时还要感谢参与本书资料搜集和部分编写工作的团队好友，他们是：叶素贞、肖建芳、李巧仪、林川、孙桂生、林丽珊、何丽秋、杨展亮、张建华、郎春敏、刘少芝、廖伟、丛珊、林丽梅、吴顺炎、范利新、龚震波、林泽芬、刘红梅、林钻友、王颂舒、邓小华、叶艺明、肖艳芳、李姗姗、叶伟驱、林月好、黄细娥。

感谢所有帮助和关注本书的朋友们、同行们！

由于时间较紧，加之能力有限，笔者尽管付出了很大的努力，但不足之处在所难免，敬请广大读者批评指正。

作 者
2012.9.20